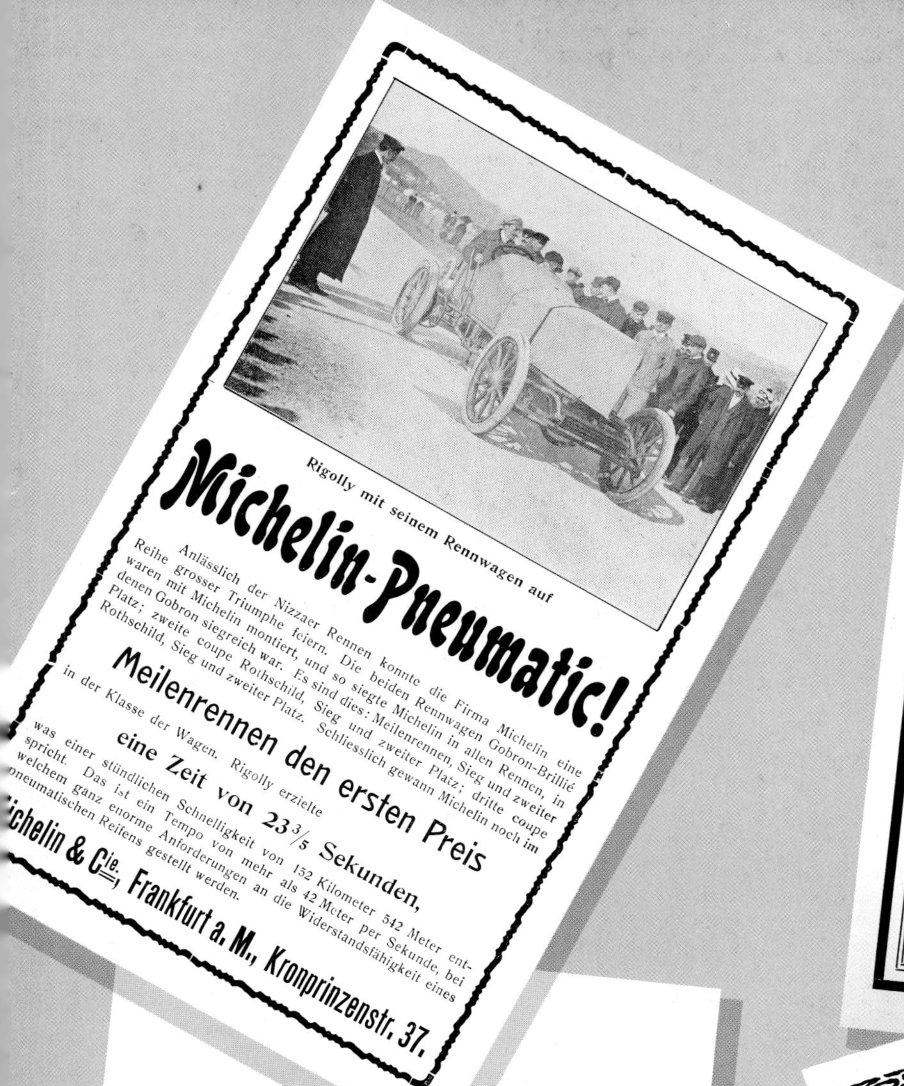

LE VÉ

G. DE PAWLOWSKI Directeur-Rédacteur en Chef

RÉDACTION – ADMINISTRATION – PUBLICITÉ

2, rue Meyerbeer, Paris (9e Arrt)

TÉLÉPHONE, Deux lignes: Nos 109-94 – 109-29

Adresse Télégraphique: VELO-PARIS

ABONNEMENT

France . .	Six mois 10 Fr.	Un an 20 Fr.
Étranger . . .	— 15 „	— 30 „

On s'abonne dans tous les Bureaux de Poste en France et à l'Étranger.

LE VÉLO est à l'heure actuelle le plus ancien et le plus répandu de tous les Journaux quotidiens de Sport du Monde entier. Il parait sur 4, 6 ou 8 pages et publie des éditions spéciales lorsque les évènements le réclament.

Il s'intéresse tout particulièrement au cyclisme, à l'automobilisme et à l'athlétisme et encourage également tous les autres sports, tels que le yachting, l'aérostation, l'hippisme, l'escrime et la gymnastique.

S'occupant à la fois de sport et de tourisme, il sert de bulletin officiel à toutes les SOCIETES et insère leurs communiqués.

Créateur de toutes les grandes épreuves-type telles que:

BORDEAUX-PARIS (cyclisme)
GAILLON (automobile)
MARATHON (courses à pied)
PARIS A LA MER (canots automobiles).

Créateur du Criterium de natation et des Championnats de lutte, de boxe et de billard, LE VÉLO a prodigué ces derniers temps de sérieux encouragements à l'aéronautique et à l'alpinisme.

Son service de correspondants, qui se complète chaque jour depuis dix ans est unique.

Sa rédaction technique comprend des hommes d'une compétence indiscutable et sa collaboration littéraire réunit les meilleurs écrivains de notre temps.

Son FIL SPECIAL aboutissant dans ses bureaux lui permet de publier en

Dernière Heure

les derniers télégrammes de l... lui parviennent du Mond...

LE VÉL...
breux ...

N'EXAGERONS RIEN!

— Cent quarante et un kilomètres seulement! J'ai bien peur que mon nouveau chassis ne soit un peu long pour le circuit!

DEMAND/SIMSA · KÜHNE MÄNNER TOLLE WAGEN

CARLO DEMAND · PAUL SIMSA

KÜHNE MÄNNER TOLLE WAGEN

Die Gordon Bennett-Rennen 1900-1905

MOTORBUCH VERLAG STUTTGART

Einbandgestaltung: Siegfried Horn, unter Verwendung zweier Zeichnungen von Carlo Demand.

ISBN 3-613-01099-2

1. Auflage 1987
Copyright© by Motorbuch Verlag, Postfach 1370, 7000 Stuttgart 1.
Eine Abteilung des Buch- und Verlagshauses Paul Pietsch GmbH & Co. KG.
Sämtliche Rechte der Verbreitung — in jeglicher Form und Technik — sind vorbehalten.
Satz und Druck: Schwabenverlag, 7302 Ostfildern 1
Bindung: Großbuchbinderei E. Riethmüller, 7000 Stuttgart 1
Printed in Germany.

Inhalt

Vorwort	7
Die Schrittmacher	8
Der Pate	11
1987: 100 Jahre »Trib«	13
Der Preis	15
Das Reglement	17
Die Szene	18
1900: Das erste Rennen	21
1901: Das zweite Rennen	28
Turbulenzen	34
1902: Das dritte Rennen	36
Pfadfinder	42
Fahrerwahl	44
1903: Das vierte Rennen	47
Echo und Konsequenzen	63
Rennen vor dem Rennen	64
1904: Das fünfte Rennen	72
Noch einmal und nie wieder	100
Ausscheidungen	105
1905: Das sechste Rennen	111
Kolorit	127
Die Wagen tabellarisch	155
Die Zeiten tabellarisch	160
Quellen	166

Vorwort

Die Anregung zu diesem Buch kam von Carlo Demand. Seine Bilder vermitteln das Nacherleben der sechs Jahre, in denen die Fahrer und Fabrikanten erstmals herausgefordert wurden, in einem internationalen Wettbewerb ihr Können zu beweisen. Nicht länger und schwerer als ein Kompaktwagen von heute waren die Rennwagen, deren hubraumgewaltige Motoren kaum mehr als 1000/min drehten, aber zuletzt bis zu 130 PS und 160 km/h erreichten, wobei der stärkste Wagen nicht unbedingt der schnellste war, schon garnicht über die Renndistanzen von mindestens 550 Kilometer auf Straßen voller Widrigkeiten. In dem Sport, den sich James Gorden Bennett ganz anders gedacht hatte, ging es auch um Geld und Geschäfte, doch Siege ließen sich nicht kaufen, und nicht nur diese Erkenntnis von anno dazumal bleibt immergrün.

Die Schrittmacher

Alexander Winton war Schiffsmaschinist, 1860 in Schottland geboren. 1885 wurde er Amerikaner, stieg um in den Maschinenbau und kam auf die Freude am Fahrrad.

Das halsbrecherische Hochrad war erledigt, als der Brite John Kemp Starley 1888 das Niederrad erfand. 1889 konnte es auf Dunlops Luftreifen noch besser laufen, ein Boom begann. Nach Amerika kam alles ein wenig später, doch Alexander Winton etablierte sich rechtzeitig als Fahrradfabrikant in Cleveland, Ohio. Bald roch er Benzin in der Morgenluft flotter Fortbewegung.

Alexander Winton

Die Firma Benz präsentierte 1893 einen Motorwagen auf der Weltausstellung in Chicago, im nächsten Jahr wurde die Benz-Verkaufsgesellschaft in New York gegründet. Doch warum kaufen, wenn man selber bauen kann?

Schon 1892 bastelte Charles E. Duryea mit seinem Bruder Frank am ersten amerikanischen Eigenbau. Mit dem zweiten Prototyp waren sie 1895 am Start zum ersten Autorennen in den USA, ausgeschrieben von der Zeitung »Times Herald« in Chigaco.

Eine amerikanische Benz-Version legte die 148,5 Kilometer mit 15,6 km/h Durchschnitt zurück, die Duryea-Brüder kamen nicht an, weitere Bewerber waren nicht erschienen.

Der »Times Herald« rief nochmals auf, vier Wochen später an einem eiskalten Tag Ende November 1895 waren 6 von 31 gemeldeten Teilnehmern am Start für 85,3 Kilometer. Zwei Elektromobile blieben bald stromlos auf der Strecke, die Duryea-Brüder siegten mit 8,2 km/h vor allem auch gegen das miserable Wetter; sie waren zehneinhalb Stunden unterwegs, nur ein Benz lief nach ihnen ein.

Das Duryea-Triebwerk mit 1,85-Liter-Zweizylinder war eine merkwürdige Konstruktion, die sich noch wandeln mußte, doch das leichte Vehikel erreichte 32 km/h. Das übertraf die Zielsetzung von Karl Benz, der nur die Pferde ablösen wollte. Zirka 12 km/h liefen flotte Traber bestenfalls am Wagen, fürs Überholen per Motor waren 30 km/h mehr als genug, sofern die schlechten Straßen das Wahnsinnstempo von acht Meter in der Sekunde überhaupt erlaubten. Und überall in Europa setzte die Polizei rigorose Limits, nur in Frankreich wurde das nicht so eng gesehen.

Die Amerikaner machten zunächst die Fahrwerke breitspuriger und hochbeiniger für die Karrenspuren im Land ohne Straßen, auch leichter nach Muster ihrer pferdebespannten Buggy-Typen. Und wie den Franzosen ging es ihnen nie schnell genug, soweit die Straßen reichten.

Alexander Winton nahm 1896 einen Eigenbau in Angriff. Er übertrumpfte den 2,6 Liter-Einzylindermotor des stärksten Benz mit Kraft aus Hubraum: 3,8 Liter in einem Topf.

1897 lief dieser erste Winton. Mit 54 km/h war er das schnellste Automobil der Welt, als Karl Benz vom motorisierten Galopp nichts hielt: »Die vielen Chauffeure, die durch meine Schule gingen, wissen davon ein Liedlein zu singen. Wen immer ich am Schnellfahren ertappte, der mußte zur Strafe wieder 14 Tage am Schraubstock arbeiten.« Und die Firma Daimler beschied den Kunden Emil Jellinek aus Nizza, als er mindestens 40 km/h beanspruchte und nur 24 km/h erhielt, Automobile seien nicht mit Eisenbahnzügen zu verwechseln; kein Fahrzeug würde ohne Schienen und auf ebener Strecke die unüberlegt als Minimum geforderte Geschwindigkeit übersteigen können.

Seit 1887 wurden in und um Paris Dampfwagenrennen ausgetragen; schon 1881 hatte Amédée Bollée (Vater des Nachfolgers Léon Bollée) auf gerader Strecke 60 km/h erreicht; sein Sechssitzer »Rapide« wog nur 1100 Kilogramm. Die Renndurchschnitte lagen zwischen 25 und 32 km/h. Noch bis ins 20. Jahrhundert machten Dampf-Automobile von sich reden, auch in Rennen. Sogar absolute Geschwindigkeits-Weltrekorde wurden mit Dampf errungen: 1902 wurde ein französischer Serpollet schnellster Wagen der Welt mit 120,805 km/h, 1906 ein amerikanischer Stanley mit 195,652 km/h.

Doch Wartung und Wasserverbrauch waren Handicaps der Straßendampfer. 1894 veranlaßte Graf Albert de Dion, Dampfwagenfabrikant und alsbald erfolgreicher Pionier hochtouriger Benzin-Kleinmotoren, den Herausgeber des Pariser Massenblatts »Le Petit Jornal«, das erste Rennen für selbstbewegliche Fahrzeuge auszuschreiben.

126 Kilometer von Paris nach Rouen waren in höchstens achteinhalb Stunden zurückzulegen, was einem Mindestdurchschnitt von 14,8 km/h entsprach. Der Sieg gehörte nur bedingt dem schnellsten Fahrer; sein Fahrzeug mußte »ungefährlich«, »für die Insassen leicht zu handhaben« und »im Unterhalt nicht zu teuer« sein.

Von 102 gemeldeten Vehikeln aller Art, eines sogar mit Muskelkraftantrieb, gingen nach Ausscheidungen nur 21 an den Start. Es waren sieben Dampfer, 13 Benzin-Automobile von Panhard & Levassor und Peugeot mit Daimler-Motoren, dazu ein Benz.

Auf den ersten Platz dampfte ein schwerer De Dion. In der aufgesattelten Equipage ließ sich der Graf mit Pierre Giffard, Herausgeber des »Petit Journal«, von seinem technischen Partner Georges Bouton chauffieren. Doch den Sieg überließ er im Sinne der Ausschreibung einem Panhard & Levassor und einem Peugeot. Vier Dampfwagen waren ausgefallen, alle Benziner kamen an, zwölf in der Sollzeit.

Es war das Vorspiel gewaltiger französischer Fernstreckenrennen. 1895 wurde Paris – Bordeaux – Paris ausgetragen, 1200 Kilometer. 1894 hatte der schnellste Wagen 17 km/h Durchschnitt erreicht, jetzt brachte es der Sieger Emile Levassor auf 24,14 km/h, und erstmals erprobten die Brüder Michelin, André und Edouard-Etienne, ihre Luftreifen für Automobile – noch mit zahllosen Pannen und vorbereiteten Hilfsstationen, doch als Auftakt ein Erfolg.

Im November 1895 wurde der Automobilclub von Frankreich gegründet: Automobile Club de France, A. C. F., künftig Veranstalter der bedeutenden Rennen und vielfältig fürs Motorwesen aktiv. 1896 mehrten sich die Wettbewerbe und die Teilnehmerzahl auf langen und kurzen Distanzen, die Berge an der französischen Riviera boten einen besonderen Schauplatz. Die Wagen waren noch mehr oder weniger Motorkutschen, doch zur Jahrhundertwende überstiegen Renndurchschnitte 60 km/h.

Das war die Zeit, in der Emil

Jellinek bei Daimler immer stärkere Wagen durchsetzte, Motor vorn, 1899 den Phönix mit dem ersten Vierzylindermotor, das beispiellose 5,5 Liter-Triebwerk brachte 80 km/h Höchstgeschwindigkeit.

Im fernen Amerika war der Rennsport über Anfänge nicht hinausgekommen. Das New York Cosmopolitan Race war ein abschreckendes Fiasko mit nur 7 Teilnehmern und 13,3 km/h Durchschnitt über nur 96 Kilometer Distanz. Ransom Eli Olds setzte zur Massenfertigung an, sein Oldsmobile »curved-dash« Runabout mit 1,6 Liter-Einzylindermotor und halbautomatischem Zweiganggetriebe war richtungweisend, aber alles andere als schnell – »eine Zündung pro Telegrafenmast«.

Fernand Charron

Alexander Winton fuhr 1899 von New York nach Cleveland mit 28,3 km/h (Stops ungerechnet), und er kam auf die tolle Idee, einen französischen Champion herauszufordern. Fernand Charron, der kürzlich das Rennen Paris – Bordeaux gewonnen hatte, sollte sich einem Zweikampf über 1000 Meilen stellen, 1610 Kilometer.

Charron nahm an, mit großer Geste: Er deponierte 20 000 Francs im Pariser Büro der Zeitung »New York Herald« als Pfand für sein Erscheinen am Start. Das Pistenduell kam nicht zustande, doch der Herausgeber des »New York Herald«, James Gordon Bennett, gab dem Gedanken eine größere Dimension: Er stiftete einen internationalen Preis. Die besten Fahrer und Wagen der automobilbauenden Nationen sollten sich in einem großen Rennen messen.

Der Pate

James Gordon Bennett, geboren 1841 in New York, hatte 1872 den »New York Herald« von seinem gleichnamigen Vater geerbt.

Der Senior war ein rücksichtsloser Journalist, der vom Reporter zum Blattmacher wurde. 1835 hatte er den »Herald« als Einzelkämpfer angefangen, »ein armer Mann in einem Keller gegen die Welt«. Mit der Werbung für eine Patentmedizin kam er zu Geld, Aktualität und ruppiger Stil waren seine Erfolgsrezepte, auch die Konkurrenz nahm kein Blatt vor den Mund: »Bennett hat nur eine Chance, in aufrechter Haltung zu sterben, nämlich wenn er gehängt wird.« Ein Rivale griff auf offener Straße zur Peitsche. »Schon wieder verprügelt,« meldete Bennett ungerührt im »Herald«. Er war ein Pionier schnellster Nachrichtenübermittlung. Seine Depeschenboote fuhren den Schiffen aus Europa entgegen, im Mexikanischen Krieg 1846 trugen Reiterstaffetten die Berichte im Galopp nach New York, und im nordamerikanischen Bürgerkrieg 1861 bis 1865 setzte Bennett 63 Reporter ein, er ließ es sich 525 000 Dollar kosten.

James Gordon Bennett

Der Junior übernahm schon vor Vaters Tod die Geschäfte mit Nerv für Sensationen, sein Starreporter Henry Morton Stanley fand 1871 den verschollenen Missionar und Forscher David Livingstone in Afrika. 1879 finanzierte er die Arktis-Expedition, die mit dem Untergang des Schiffes »Jeanette« tragisch endete und per Bildbericht die Leser ergriff.

Er gründete das Abendblatt »New York Evening Telegram«, besaß die Commercial Cable Company, war aber persönlich mehr in Sport und High Society aktiv; laut Urteil eines Mitarbeiters der einzige Mann im Pressewesen, der sich fürs Geldverdienen nicht interessierte.

1887 verzog er sich nach einem kleinen Skandal betreffs einer Dame mit 46 Jahren nach Paris, war prominent in der Metropole. Für Amerikaner in Europa gründete er den Pariser »New York Herald« mit einem Lächeln: »Dies Blatt hat nur einen Leser, und der bin ich.« Er reiste viel, sah in New York gelegentlich auf seine Geschäfte und machte alles mit, was gut für den »Herald« war. So wurde er auch Gründungsmitglied des Automobilclubs von Frankreich, obwohl er sich für die Kraftfahrt überhaupt nicht interessierte. Er blieb noch lange bei seinen kultivierten Pferden. Des Automobils bediente er sich im Fond, als es zu Luxuswagen gediehen war, wobei er Renault und Pierce-Arrow wählte.

Nie hat James Gordon Bennett ein Auto selbst gelenkt und nie eines der Rennen besucht, die seinen Namen trugen, was er übrigens nicht wollte; er hatte den Internationalen Preis als Mitglied des A. C. F. gestiftet. Daß er als »Gordon Bennett« zum Paten wurde, als ob es ein Doppelname sei, war ein publizistisches Mißverständnis. Mit Bindestrich sollte es nicht geschrieben werden.

Nach sechs Autorennen von 1900 bis 1905 forderte er die Ballonfahrer heraus; bis 1929 wurde ihr Aeronautischer Gordon Bennett-Preis ausgetragen, von 1909 bis 1920 der Aviation Cup für Flieger, 1907 ein Motorbootsrennen von New York zu den Bermudas. In Indien stiftete der Zeitungskönig 1911 dem Royal Bombay Yacht Club zwei Preise, der eine benannt nach seiner Dampfyacht »Lysistrata«.

Die Luftfahrt-Preise überlebten den Stifter; die Ballonfahrer schweben in unserer Zeit wieder unter seinem Namen, 1986 wurde ihr 30. Gordon Bennett-Preis ausgetragen.

1918 starb der Amerikaner in Paris. Die kontinentale Ausgabe des »New York Herald Tribune«, heute »International Herald Tribune« (siehe Kasten), setzt ihm sein Denkmal im Pressewesen. Der Automobilgeschichte hat sein Rennpreis ein faszinierendes Kapitel beschert, Vorläufer der Grand Prix-Konkurrenzen.

Es war das erste Kapitel des Rennsports im Übergang vom abenteuerlichen Vehikel zur Technik des klassischen Automobils, und es war das letzte Kapitel für die schnellen Herrenfahrer im großen Sport. Manche stiegen in Ballonkorb und Flugzeug um, mit ihnen erhob James Gordon Bennett, dem jeder Profisport verhaßt war, sein Ziel in die reine Höhenluft.

1987: 100 Jahre »Trib«

Grund zum Feiern: Die Zeitung, die James Gordon Bennett 1887 für Amerikaner in Paris gründete, blüht nach 100 Jahren in alter Frische. Ein paar Stürme sind Vergangenheit. Nach dem Tod des »Commodore« wurde sein Imperium verkauft, der New Yorker »Herald« verwandelte sich in die »New Yorker Herald Tribune«, deren Ende die Pariser Ausgabe überstand; John Hay Whitney verkaufte je ein Drittel an die »Washington Post« und die »New York Times«. Die europäische Ausgabe der »New York Times« wurde eingestellt, seit 1967 ist der Herald als »Trib« in

INTERNATIONAL Herald Tribune

The Global Newspaper Edited and Published in Paris. Printed simultaneously in Paris, London, Zurich, Hong Kong, Singapore, The Hague, Marseille, Miami.

Published With The New York Times and The Washington Post

ESTABLISHED 1887

No. 32,352 — 9/87 — ZURICH, SATURDAY-SUNDAY, FEBRUARY 28-MARCH 1, 1987

Egypt, Israel Agree On Conference for Middle East Peace

By John Kifner
New York Times Service

CAIRO — President Hosni Mubarak of Egypt and Foreign Minister Shimon Peres of Israel agreed Friday that there should be an international conference on Middle East peace this year.

Mr. Peres's commitment, announced at the end of a three-day visit here, was expected to provoke strong reaction from the Israeli prime minister, Yitzhak Shamir, who opposes such a conference.

Mr. Shamir, the leader of the hard-line Likud bloc, contended Thursday that Mr. Peres, of the Labor Party, had no mandate to agree on an international conference, as there was no reference to it in the agreement that established the national unity government after deadlocked elections more than two years ago.

"My aim is to achieve peace between Israel and its Arab neighbors, not to deal with a war between the Jews," Mr. Peres said Friday in Tel Aviv in reference to the growing domestic political squabble. The dispute has raised the possibility of a breakup of the cabinet and early elections.

The agreement, reached after two meetings in Cairo with Mr. Mubarak, reaffirmed a call that the two men made in Alexandria last fall, when Mr. Peres was prime minister.

But it was clear that there were still divisions over the central issue of who would represent the Palestinians at any potential conference.

"We will try, but there are still many obstacles along the way," Mr. Peres said, when asked if he expected a conference to take place this year.

The joint statement, which was read out by the Egyptian foreign minister, Esmat Abdel Meguid, before the Israeli foreign minister's departure, called for "the convening in 1987 of an international conference leading to direct negotiations between all the parties concerned based on UN Security Council resolutions 242 and 338."

"The conference will offer an opportunity for direct negotiations that are to resolve the Arab-Israeli conflict in all its aspects and the legitimate rights of the Palestinian people," the statement added.

The United Nations resolutions guarantee the existence of Israel, but a joint peace effort by King Hussein of Jordan and the chairman of the Palestine Liberation Organization, Yasser Arafat, broke down a year ago over the PLO's refusal to accept the resolutions. The PLO contended that the resolutions dealt with the Palestinian people as refugees rather than as a nation.

Mr. Peres said the PLO, which he

See MIDEAST, Page 6

The Associated Press

Foreign Minister Esmat Abdel Meguid of Egypt, left, with Foreign Minister Shimon Peres of Israel, reading a joint statement calling for an international Middle East conference.

2 Leading Candidates Refuse Reagan's Request To Replace Chief of Staff

Dole Confirms That Regan Will Leave

By Lou Cannon and David S. Broder
Washington Post Service

WASHINGTON — President Ronald Reagan, faced with the most severe challenge of his presidency, has been rejected by two prominent and longtime associates in his quest to find a replacement for the departing White House chief of staff, Donald T. Regan.

Paul Laxalt, a former Republican senator from Nevada, and Drew Lewis, a former transportation secretary, both declined offers to serve as chief of staff.

The rejections by two of the Republicans considered the most likely replacements for Mr. Regan dramatized the difficulty faced by the president as he tried to digest the implications of the Tower commission's report. The study severely criticized the president's decisions and management in the Iran-contra affair.

[Republican leaders met Friday with the president to discuss the report, and Senator Bob Dole later confirmed reports that Mr. Regan would be replaced, United Press International reported.

["There will be a new chief of staff," Mr. Dole said. "We don't know who it's going to be or when it will be announced."

[Mr. Reagan's spokesman, Marlin Fitzwater, said, "The president is rightfully angry about the mismanagement described in this report and he intends to make changes as soon as possible."]

Mr. Laxalt, after meeting with Mr. Reagan on Thursday, said he had told the president that he could

Bob Dougherty/ The Associated Press

Donald T. Regan arriving at the White House on Friday.

White House Said to Use Threats to Aid Contras

By Stephen Engelberg
New York Times Service

WASHINGTON — In its effort to organize private aid for the Nicaraguan rebels, the White House solicited help from, and by some accounts threatened, several countries heavily dependent on American financial and political support, the Tower commission report discloses.

The report quotes discussions ing that Mr. Reagan knew about at least some of the activities.

One internal memo said that Mr. Reagan was told about plans to organize a legal defense for the American crewman who survived the downing of a contra supply plane over Nicaragua last year.

Turning to the arms sales to Iran that are said to have provided money for the contra effort, the report said that the United States was re-

10-Year Sentence for Abdallah Is Sought

By Julian Nundy
International Herald Tribune

PARIS — The prosecutor in the trial of Georges Ibrahim Abdallah, who was charged with complicity in the murders of a U.S. and an Israeli diplomat, asked Friday for a maximum sentence of 10 years' imprisonment.

Pierre Baechlin, the prosecutor, said he was asking for a relatively light sentence "with a heavy heart" and evoked the safety of French

in the murders of the two diplomats in 1982 and in an unsuccessful attack on another U.S. diplomat in 1984.

Mr. Abdallah, who has refused to attend the trial since shortly after it opened Monday, faced a maximum sentence of life imprisonment on each charge.

The three attacks took place on French soil, and responsibility for the attacks was claimed by the Lebanese Armed Revolutionary Fac-

seven-judge panel not to be severe, fearing that terrorist attacks by Mr. Abdallah's supporters might resume. Eleven persons were killed in bombings in Paris in September.

A verdict in the trial is expected Saturday. If the judges follow the prosecutor's recommendation, the decision would be certain to anger the United States, which has been a civil plaintiff in the case.

Under French law, any new prison term could run concurrently

could be cut by half. Since he was arrested in October 1984, this could mean that he would be free in the fall of 1989.

Several French newspapers have reported that the government wanted Mr. Abdallah to receive a 10-year sentence of which four years would be suspended. Under this formula, he could be freed by the end of this year.

Georges Kiejman, the lawyer for

LATE NEWS

U.S. Diplomats Brief Allies

BRUSSELS (Reuters) — Two U.S. envoys assured NATO allies on Friday that Washington was not on the verge of a major decision over its space defense program or the anti-ballistic missile treaty, a spokesman for the North Atlantic Treaty Organization said.

Paul N. Nitze, an arms adviser for President Ronald Rea-

aller Welt bekannt: »International Herald Tribune« heißt das Blatt, das sich stolz als »The Global Newspaper« bezeichnen darf, gedruckt in Paris, Marseille, London, Zürich, Den Haag, Miami, Singapur und Hongkong; eine amerikanische Zeitung mit internationalem Horizont.

Der Vater des Gedankens wird in Ehren gehalten, sein Leben wurde zur Legende: Seine Launen, sein Genie bei Einführungen von Neuerungen mit fortschrittlichen Setzmaschinen, Farbdruck, Sport auf der ersten Seite. Die erste Ausgabe, schmal mit nur vier Seiten, brachte für die Amerikaner in Europa die wichtigsten Nachrichten aus der Heimat, nämlich die Börsenkurse des Vortages, telegraphisch übermittelt wie der Bericht über den sensationellen Besuch des italienischen Premierministers bei Bismarck, der in Friedrichsruh seinem Kaiser grollte; es ging um Vorzeichen des großen Krieges, die »östliche Frage«, nämlich die Allianzbildung gegen Frankreich.

Lange Gesichter gab es bei der Bestandsaufnahme des Vermögens, das James Gordon Bennett 1918 hinterließ. Er hatte »40 Millionen Dollar für Jachten, Frauen, Pferde, Champagner, Landhäuser, Trophäen, Autos, Kutschen und Rennen ausgegeben — alles war fort.« So schildert es seine Biographin, Julia Lamb, und sie läßt ahnen, wie der Sohn eines Schotten und einer Irin das Leben liebte: »Wenn er nüchtern ist, zeigt er die übelsten Eigenschaften der Schotten; wenn er betrunken ist, die übelsten Eigenschaften der Iren.« Wahrheit und rankende Legende lassen sich kaum mehr trennen; seinem Auszug nach Europa sollen wilde Szenen vorangegangen sein. Nackt sei er im Vierspänner über Land gejagt, habe im Salon der Eltern seiner Verlobten ins Klavier uriniert und seine zwölf besten Redakteure gefeuert, weil er keine »unersetzlichen Leute« mochte. Er segelte wie ein Piratenkapitän, als »Commodore« war er einer der großen Figuren des Yachtsports seiner Zeit, und sein Schwung blieb dem heutigen Blatt erhalten.

In Neuilly machen 43 Redakteure die »Trib«, die per Computer, Satelliten und Faksimile in die Druckereien gelangt. In den letzten 20 Jahren hat sich die Auflage auf heute 184000 verdoppelt, ein Drittel der Leser sind Amerikaner. Die Geburtstags-Rallye auf der deutschen Gordon Bennett-Strecke bei Bad Homburg erinnert an einen Mann, der auf seine Weise das Land der unbegrenzten Möglichkeiten symbolisierte.

Der Preis

Für die teilnehmenden Nationen in Gestalt ihrer Automobilclubs ging es um die Ehre, den von James Gordon Bennett gestifteten Wanderpreis zu erringen. Er sollte »zur Erweckung und Ermunterung des Automobil-Rennsports dienen«.

Im November 1899 schrieb der Stifter an sieben europäische Clubs und an Alexander Winton:

In der Absicht, die Automobilindustrie zu ermutigen, habe ich einen Internationalen Preis geschaffen. Er soll von den verschiedenen Automobilclubs der ganzen Welt ausgetragen werden.

Ich habe die Organisation in die Hände der Sportkommission des Automobilclubs von Frankreich gelegt. Eine Kopie des Reglements, das meine Billigung gefunden hat, lege ich bei.

Den Preis, der die Veranstaltung repräsentiert, habe ich vorläufig dem Automobilclub von Frankreich übergeben.

In dem Bestreben, daß ein Club im nächsten Jahr meinen Preis erringen kann, habe ich entschieden, daß das erste Rennen zwischen dem 15. April und dem 15. Mai 1900 ausgetragen wird. Ich bitte deshalb um Meldung vor dem 1. Januar des nächsten Jahres.

Richten Sie Ihre Antwort bitte an den Präsidenten des Automobilclubs von Frankreich, der mir Mitteilung machen wird.

Ich habe entschieden, daß das erste Rennen auf den französischen Straßen ausgetragen wird, und ich habe den Automobilclub von Frankreich gebeten, es gemäß dem beigefügten Reglement zu organisieren.

Die Trophäe, französisch la

Coupe, englisch the cup, war imposant:

Der kostbare Ehrenpreis ist aus Silber und stellt einen Motorwagen dar, den der Genius des Fortschritts lenkt. Die Siegesgöttin hält sich bereit, dem Sieger die Palme zu überreichen.

Das in meisterhafter Weise durchgeführte Kunstwerk wurde von dem Pariser Silberschmied André Aucoc ausgeführt, hat ein Gewicht von ca. 17 kg und repräsentiert einen Wert von 12 000 Frs.

Als diese Würdigung im Programm des deutschen Gordon Bennett-Rennens 1904 erschien, hatten sich die Wagen schon total verwandelt. Aucoc hatte einen Panhard & Levassor als Vorlage genommen, deutete mit den Symbolfiguren und den Staubwolken an den Rädern das tolle Tempo von vielleicht 50 km/h an; von den gewaltigen Rennboliden kommender Gordon Bennett-Jahre war nichts zu ahnen. Mit 87,245 km/h Durchschnittsgeschwindigkeit donnerte der Sieger 1904 über die 512 Kilometer-Strecke auf den Landstraßen im Taunus, 1905 erreichten die schnellsten Wagen 160 km/h Höchstgeschwindigkeit.

Das Reglement

Die Rennbestimmungen, die James Gordon Bennett seinem Rundschreiben beilegte, hatte der Automobilclub von Frankreich mit viel Erfahrung ausgearbeitet. Die 1899 formierte Voiturette-Klasse für Fahrzeuge bis 400 Kilogramm schloß er von vornherein aus; sie bekam 1900 ihren Coupe des Voiturettes.

Dem akribischen Paragraphenwerk lag ein einfaches Konzept zugrunde. Es wird anhand einer damaligen Kurzfassung fürs Publikum deutlich:

Das Rennen ist international. Der bedeutendste Automobilclub jedes Landes darf drei Wagen an den Start bringen, auch wenn Clubs anderer Länder nur einen oder zwei Wagen melden.

Wenn mehrere Clubs eines Landes für die Teilnahme anerkannt werden, darf dieses Land doch nur mit höchstens drei Wagen vertreten sein. Einigen sich diese Clubs nicht über die Auswahl, gilt die Reihenfolge der Meldung.

Die Wagen müssen bis ins Detail in dem Land hergestellt sein, das sie vertreten.

Das Rennen wird auf einer Straßenstrecke ausgetragen, die Distanz beträgt mindestens 550 Kilometer und höchstens 650 Kilometer ohne Unterbrechung. Eine Strecke kann mehrfach befahren werden, wenn die Distanz in einer Richtung mindestens 125 Kilometer beträgt.

Der Club, der den Preis erringt, veranstaltet das nächstjährige Rennen. Er muß alle für die Teilnahme anerkannten Clubs drei Monate vor dem Rennen durch eingeschriebenen Brief über die Strecke und alle Einzelheiten unterrichten. Änderungen dürfen nur durch höhere Gewalt veranlaßt sein; sie sind den Teilnehmern sofort durch eingeschriebenen Brief mitzuteilen.

Das Rennen soll in dem Land stattfinden, dessen Club den Preis errungen hat, doch auf Wunsch dieses Clubs kann es in Frankreich ausgetragen werden.

Die Wagen müssen von Mitgliedern des Clubs gefahren werden. Zwei Sitze nebeneinander müssen während des ganzen Rennens besetzt bleiben.

Für die Wagen ist ein Mindestgewicht von 400 Kilogramm und ein Höchstgewicht von 1000 Kilogramm vorgeschrieben, jeweils ohne Besatzung, Kraftstoff, Öl, Wasser, Batterien, Werkzeug, Ersatzteile, Gepäck, Kleidungsstücke und Proviant. Wenn Fahrer und Beifahrer zusammen weniger als 120 Kilogramm wiegen, muß entsprechender Ballast mitgeführt werden.

Adressaten des Rundschreibens und damit für die Teilnahme anerkannt, waren die nationalen Clubs von Belgien, Deutschland, Großbritannien und Österreich, der Automobilclub der Schweiz und der Turiner Automobilclub. Die amerikanische Organisation mußte sich noch formieren; eingeladen wurde Alexander Winton mit Option für andere Fahrer. So ergab sich die Herausforderung für acht Nationen.

Die Szene

Der Rennsport gehörte absolut den Franzosen, als James Gordon Bennett zum Wettbewerb der Nationen aufrief. Zehn bedeutende Rennen waren 1899 in Frankreich gelaufen, zwei Rennen in Belgien und eines in Italien entsprachen in bescheidenen Dimensionen ihrem Maßstab; Chancen hatten auch hier nur französische Wagen.

Die Renndistanzen in Frankreich waren beispiellos. Bei der ersten Tour de France, die das Automobil auch in entlegenen Regionen bekanntmachen sollte, wurden 2216 Kilometer in sieben Etappen gefahren. Das bedeutendste Langstreckenrennen war Paris – Bordeaux, 565 Kilometer; Fernand Charron errang den Sieg mit 48,1 km/h Durchschnitt. Sein Panhard & Levassor mit 3,3 Liter-Vierzylindermotor erreichte rund 80 km/h Höchstgeschwindigkeit. Der Wagen, der als Vorlage für die Gordon Bennett-Preisskulptur diente, war demgegenüber schon veraltet. Konkurrenten hatten es schwer, gegen Panhard & Levassor anzukommen. Die Mors-Rennwagen, fortschrittliche Konstruktionen von Henri Brasier, machten von sich reden. In der Saison 1899 griffen sie aufstrebend an und triumphierten in zwei der zehn Rennen.

Mit den Wagen beherrschten französische Fahrer die Szene, doch der Automobilclub von Frankreich war für Ausländer offen, der Präsident Baron de Zuylen war selbst Niederländer. Der internationale Preis paßte in die Atmosphäre und gab dem Club die Chance, der Zeitschrift »Le Vélo«, Veranstalterin des Rennens Paris – Bordeaux seit 1898, eine werbekräftige Unternehmung entgegenzusetzen. Auch mit der Abgrenzung gegen die Leichtfahrzeuge, die »Le Vélo« förderte, suchte der Club sich sportpolitisch zu profilieren; tatsächlich leitete er die Vorstufe der Grand Prix-Ära ein.

In Querelen um den Gordon Bennett-Preis ist 1905 die Urheberschaft des internationalen Wettbewerbs für drei Gründungsmitglieder des Clubs beansprucht worden: Baron de Zuylen, Graf (später Marquis) de Dion und Chevalier de Knyff. Es mag sein, daß sie den Stifter nach der Herausforderung Winton-Charron inspirierten.

Dem Chevalier René de Knyff konnte der Gedanke naheliegen. Er war Belgier, einer der wenigen ausländischen Rennfahrer von Rang, allerdings auf französischen Wagen. Panhard & Levassor fuhr er bei seinem ersten Sieg im Rennen Marseille – Nizza

Baron de Zuylen-Nyevelt

1898 wie bei seinem bisher größten, dem Gesamtsieg bei der Tour de France 1899. Auf Peugeot gewann er die beiden belgischen Rennen 1899, blieb aber mit Panhard & Levassor verbunden. Als er sich 1903 vom Rennsport zurückzog, wurde er Direktor bei dieser Firma und blieb einflußreicher Sportfunktionär.

So war de Knyff wohl kaum gesonnen, ausländischen Herausforderern der französischen Industrie eine Chance zu geben. Er stellte sich als Mitglied des Automobilclubs von Frankreich zur Wahl für die Teilnahme am Gordon Bennett-Rennen und erhielt 32 Stimmen vor Fernand Charron mit 25 und Léonce Girardot mit 15 Stimmen, alle drei auf Panhard & Levassor; Charron und Girardot waren der Firma als Vertreter verbunden. Reservefahrer wurden Huilier, Lemaître und der Marquis de Chasseloup-Laubat.

Ein Ausscheidungsrennen wäre fair gewesen, vor allem als Chance für Mors nach den Doppelsiegen im Vorjahr: Mors hatte Paris – Saint Malo vor Panhard & Levassor gewonnen, Bordeaux – Biarritz vor Peugeot.

Die Wahl ließ sich gleichwohl rechtfertigen. Die Zeit war knapp, Panhard & Levassor führend. Doch aus der Wahl ergab sich der erste von vielen Konflikten, die den Gordon Bennett-Preis vor und hinter den Kulissen fortan begleiteten.

»Le Vélo« reagierte prompt mit einer eigenen Rangliste der Fahrer anhand bisheriger Erfolge. Die Qualifikation von Girardot und de Knyff an der Spitze wurde nicht bestritten, doch dahinter folgten Lemaître und Levegh, erst an fünfter Stelle Charron. Drei Fahrer der »Vélo«-Liste kündigten ihre Absicht an, in den Automobilclub von Belgien einzutreten; es war Lemaître, erfolgreich auf Peugeot, mit den Mors-Fahrern Levegh und Antony. Herren ließen sich nicht kommandieren. Lemaître gab bei Peugeot einen 100 PS-Wagen in Auftrag, mehr als viermal stärker als der bewunderte Panhard & Levassor. Von acht Zylindern und 140 km/h war die Rede, doch der sagenhafte Bolide kam nicht zustande.

Die ausländischen Clubs waren nicht gerüstet. Die Schweizer und Österreicher erklärten, sie würden erst 1901 teilnehmen. Aus Großbritannien und Italien kamen nur vage Gerüchte, je ein Wagen sei in Auftrag gegeben, was sich nicht bewahrheitete. Aus Amerika kündigte selbstverständlich Alexander Winton seinen Start an, doch mehr aus den USA war erwartet worden.

Eine Enttäuschung bereiteten auch die Deutschen. Sie meldeten nur einen Benz, als Fahrer Eugen Benz unter dem Pseudonym Eugène; konkurrenzfähige Hochleistung war nicht anzunehmen, Karl Benz bekannterweise dagegen eingestellt. Beim Konkurrenten Daimler blieb es dem sportfreudigen Export-Pionier Emil Jellinek überlassen, ob er den Renn- und Sportwagen Phönix einsetzen wollte. Die Franzosen hätten den 5,5 Liter-Motor fürchten müssen, er war leistungsgleich mit dem 5,3 Liter-Panhard & Levassor. Doch der Fahrpraktiker Jellinek kannte die Problematik des hochgetürmten Wagens in einem schnellen Straßenrennen; der neue Daimler, der 1901 als erster Mercedes erschien und die Automobiltechnik revolutionierte, war schon in Arbeit.

So traten nur die Belgier in den Wettbewerb ein, Baron Pierre de Crawhez sollte einen Wagen fahren, für zwei weitere wurden die Namen Grégoire und Vanderspeck genannt, auch der Baron de Caters. Nur ein Fabrikat war konkurrenzfähig: Snoeck-Bolide, gebaut von Mathias Snoeck in Envisal-Verviers mit französischer Lizenz. Bolide war die Marke von Léon Lefèbvre et Cie in Paris, gegründet erst 1899. Um die Fahrer wurde wie in Frankreich gestritten. Qualifikation mit mindestens 40 km/h Durchschnitt im Rennen Paris – Bordeaux kam in die Debatte, doch schließlich nur Camille Jenatzy auf Snoeck-Bolide an den Gordon Bennett-Start.

Eine Zeitung nannten ihn einen »sehr pariserischen Bel-

Camille Jenatzy

gier«. Er war Ingenieur, geboren 1868, Sohn eines Reifenfabrikanten. In den Automobilsport stieg er vom Rennrad um, wie viele Konkurrenten. In Paris befaßte er sich seit 1897 mit Elektrowagen; auf seiner »Jamais Contente«, der nie Zufriedenen, fuhr er 1899 seinen berühmten Weltrekord.

Noch kein Kraftfahrzeug hatte 100 km/h erreicht, Jenatzy brachte seine Stromlinien-Zigarre mit 105,882 km/h über den Kilometer. Es war der Höhepunkt des spektakulären Wettstreits gegen den Marquis de Chasseloup-Laubat auf dem Jeantaud-Elektrowagen. Dreimal übertrumpfte der Belgier den Franzosen, der vier Monate zuvor den ersten registrierten Weltrekord mit 63,157 km/h errungen hatte. Im gleichen Jahr fuhr Jenatzy auf Mors die Tour de France; im Hintertreffen, aber in der Wertung, und er schnitt auch in den Rennen Paris – Saint Malo und Paris – Ostende respektabel ab.

1900: Das erste Rennen

Es war ein typisch französisches Straßenrennen: Paris – Lyon. Die Distanz gemäß Ausschreibung wurde durch die Streckenführung erreicht: Paris – Versailles – Chartres – Bonneval – Châteaudun – Orléans – Gien – Briare – Nevers – Moulins – La Palisse – Roanne – Tarare – L'Arbresle – Lyon. Das ergab 562 Kilometer.

Der Start in Montretout an der Straße Paris – Versailles wurde für den 14. Juni um drei Uhr morgens festgelegt. Doch bis zum letzten Augenblick war zu bezweifeln, ob er stattfinden würde.

Der Sinn des internationalen Preises war durch die spärlichen Meldungen nicht erfüllt, zudem kam der Benz nicht an den Start; »Monsieur Eugène« erklärte, er sei zu spät benachrichtigt worden und habe keine Zeit gehabt, seine Reifen ordentlich zu montieren. Vielleicht hatte ihn Papa Benz zurückgepfiffen, wahrscheinlich hat Eugen die Unterlegenheit seines Wagens erkannt. Die technischen Daten sind bis auf die Leistungsangabe, 15 PS, nicht über-

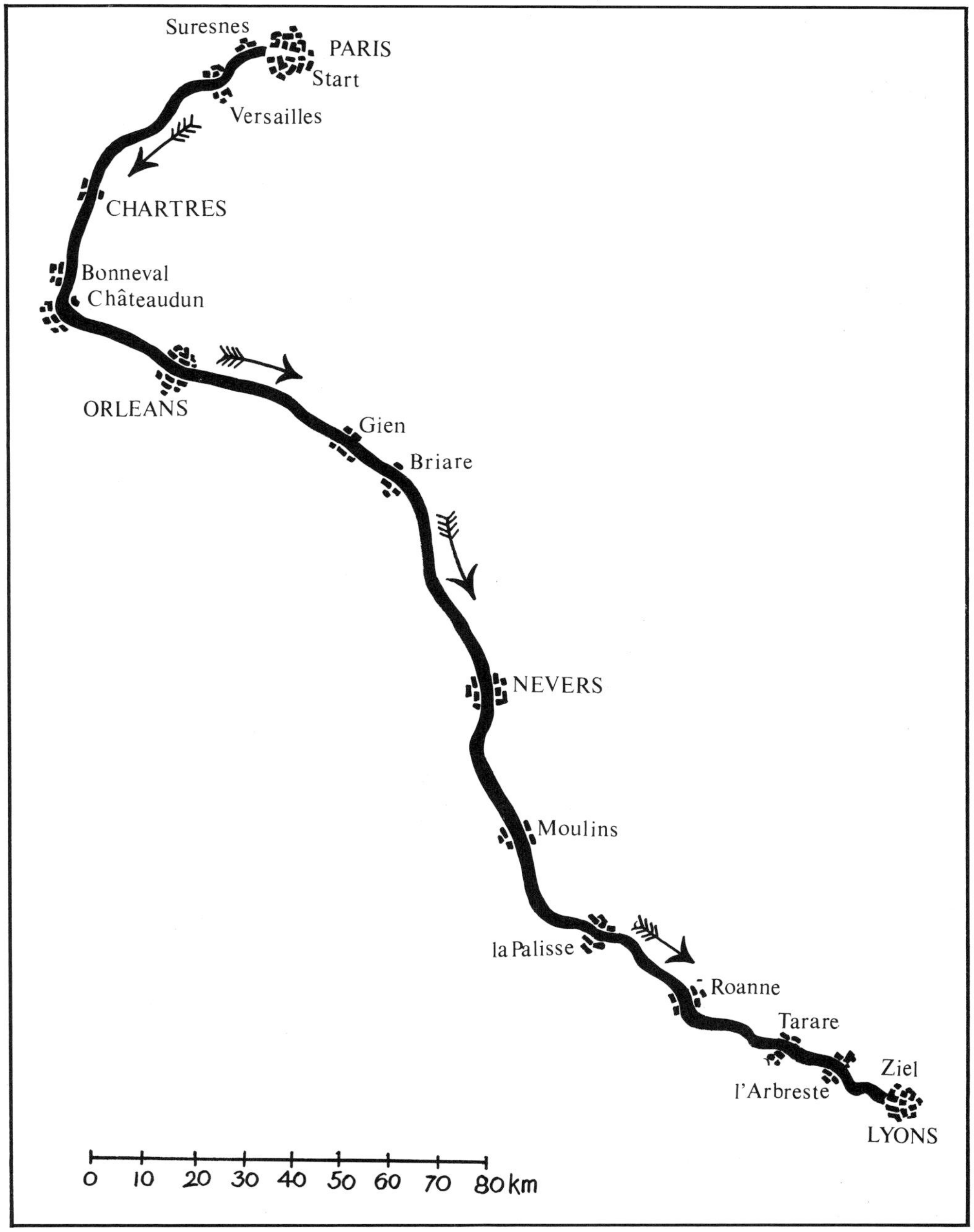

liefert. Es kann nur der Benz »Spider« mit Dreiliter-Zweizylinder-Boxermotor gewesen sein, der mit 10 PS bei 920/min und vier Gängen der damals stärkste Benz war. Wenn die 15 PS zutrafen, war mit 50 km/h zu rechnen.

Jenatzy hatte Ärger mit dem Zoll für seinen Snoeck-Bolide, und er behauptete, es sei nicht der Wagen, den er eigentlich fahren wollte. Es war jedoch die stärkste Ausführung. Die vier liegenden Zylinder mit 10,6 Liter Hubraum produzierten 30 PS bei 900/min. Zwei Gänge mit Riemen erwiesen sich im Rennen nicht als Handicap.

Alexander Winton hatte drei Wagen nach Europa gebracht, startete aber nur selbst mit dem stärksten, was wenig bedeutete. Es war sein Urtyp mit dem liegenden 3,8 Liter-Einzylinder im Heck und Zweigang-Riemengetriebe. 16 PS bei 1100/min konnten in der Rennkonkurrenz so wenig imponieren wie das Fahrwerk mit Drahtspeichenrädern à la Voiturette und Lenkpinne.

Automobiltechnik von morgen kündigte sich bei Panhard & Levassor schon an: 5,3 Liter-Vierzylindermotor mit 24 PS bei 950/min, vier Gänge, Konuskupplung, kein Riemen, und der stahlverstärkte Holzrahmen war eine zuverlässige Basis, dabei relativ leicht. Die drei Wagen kamen zum Start.

Und in der Hoffnung, als Spielverderber inoffizieller Sieger zu werden, erschien Levegh mit seinem 7,4 Liter-Vierzylinder-Mors, die Straßen waren ja öffentlich.

So öffentlich, daß Behörden das Rennen nicht verbieten konnten, waren sie allerdings nicht. Die schrecklichen Motorvehikel gefährdeten Mensch und Tier, auch mittelbar durch die Panik der Pferde.

Mehr noch als Lärm, Gestank und Auspuffwolken waren die ungeheuren Staubschwaden eine Plage. Als Otto Julius Bierbaum 1902 eine »empfindsame Reise mit dem Automobil«unternahm, fand er es komisch: »Nie in meinem Leben bin ich so viel verflucht worden . . . Alle deutschen Dialekte von Berlin an über Dresden, Wien, München bis Bozen waren daran beteiligt und alle Mundarten des Italienischen von Trient bis nach Sorrent – gar nicht zu rechnen die stummen Flüche, als da sind: Fäusteschütteln, Zungeherausstrecken, die Hinterfront zeigen und anderes mehr.« Steinwürfe und Prügeleien waren nicht selten, Bauern forderten an Ort und Stelle Schadenersatz für überfahrene Hühner und Hunde, Schäfer und Viehtreiber blockierten die Straße.

Ums Haar hätte das Gordon Bennett-Rennen nicht stattfinden können. Beim jährlichen Rennen Paris – Roubaix der Motordreiräder, veranstaltet von »Le Vélo«, erreichten die schnellsten Maschinen über 95 km/h. Bei einer schweren Kollision an einer Kreuzung traf das Unglück, als Zuschauerin verletzt zu werden, ausgerechnet die Frau des Departements-Abgeordneten. Der Präfekt verbot jegliche Rennveranstaltung im Departement Seine-et-Oise, und der Innenminister wies alle Präfekten der Republik an, dem Beispiel zu folgen.

Von Verlegung des Rennens nach Italien war die Rede, auch vom Bau einer Rennstrecke nahe Paris, doch der Automobilclub von Frankreich verstrickte sich nicht ausweglos in die öffentliche Debatte. Am 3. und 4. Juni 1900 durfte das Rennen Bordeaux – Périgeux laufen, das noch befürchtete Verbot des Gordon Bennett-Rennens am 14. Juni blieb aus; lokale Durchfahrverbote konnten in letzter Stunde behoben werden.

Alles war improvisiert, die Polizei feindselig, die Bevölkerung kaum unterrichtet, es fehlte an Wegweisern und Streckenposten. Die Zeitkontrollen unterwegs wurden ordnungsgemäß installiert, das Passieren der Wagen auf die Sekunde protokolliert.

Fast pünktlich am 14. Juni 1900 um 3.14 Uhr morgens ging es los: Charron, Girardot und de Knyff auf Panhard & Levassor, Jenatzy auf Snoeck-Bolide, Winton auf Winton, dazu Levegh auf Mors, 21 donnernde Zylinder mit dem schweren Schlag großvolumiger Langsamläufer, Wintons Eintopf schon antik.

Girardot übernahm die Führung vor Charron und de Knyff, Winton konnte nicht mithalten, Jenatzy fiel durch Reifenpannen weit zurück.

In Chartres zog Charron an die Spitze. Auf der schnellen Strecke nach Châteaudun, 44 Kilometer, erreichte er 66 km/h Durchschnitt vor Girardot mit 57 km/h. De Knyff mußte durch Getriebeschaden ab Chartres ohne vierten Gang fahren und brachte es auf 48 km/h. Jenatzy kämpfte mit Widrigkeiten aller Art. Der Motor hatte Schluckbeschwerden, Kraftübertragung und Zündung taten nicht comme-il-faut, bei Chartres sollte er wegen eines überfahrenen Hundes arretiert werden. Gleichwohl übertraf er Girardot mit 59 km/h, der unglückliche Winton brachte es auf 32 km/h.

Die Durchfahrts-Uhrzeiten in Châteaudun, Sekunden zur Verdeutlichung aufgerundet: Charron 5.05, Girardot 5.15, de Knyff 5,23, Jenatzy 5.25, Winton 6.28.

Die Strecke Châteaudun – Orléans, 48 Kilometer, brachte den Franzosen ums Haar das Ende. Charron sah zu spät eine der berüchtigten Querrinnen (caniveau) und verbog sich mit 80 km/h schwer die Hinterachse, der Kettenantrieb machte die Weiterfahrt möglich. Girardot mußte einem Pferd ausweichen und beschädigte seine Lenkung. Sie kamen in Orléans an und wollten hier aufgeben. De Knyff konnte mit seinem Getriebeschaden nicht weiter.

Die Uhrzeiten in Orléans spiegeln das Geschehen: Girardot 5.53, Charron 6.10, de Knyff 6.49, Jenatzy 6.52, Winton 8.30 Uhr.

Doch es ging um Frankreichs Ehre. Girardot fuhr mit der provisorisch reparierten Lenkung weiter, Charron mit der geknickten Hinterachse; Charrons Mechaniker Fournier mußte die verkanteten Ketten mit reichlich Öl versorgen. Eine Nervenprobe war auch die unmarkierte Stadtdurchquerung; beide Fahrer verirrten sich, Girardot sprach von einer Entdeckungsreise. Passanten wußten nichts vom Rennen.

Winton mußte mit einem verbogenen Rad in Orléans bleiben, Jenatzy hielt bis Moulins durch. Sein Pech war sagenhaft, sechs Hunde soll er überfahren haben, und Schafherden schienen ihm aufzulauern. 376 Kilometer hatte er in Moulins hinter sich.

Dank Girardots Entdeckungsreise war ihm Charron um anderthalb Stunden voraus, beide hielten zirka 65 km/h Durchschnitt trotz der gefährlichen Defekte ihrer Wagen. In Moulins wurde für Charron eine halbe Stunde Vorsprung registriert.

Mit fast 100 km/h war er an einem Gefälle zum Sieg unterwegs, 15 Kilometer vor dem Ziel, als es plötzlich ums Leben ging. Ein Bernhardiner sprang vor den Wagen, geriet zwischen das rechte Vorderrad und die Feder, blockierte die Lenkung. Der Wagen überquerte den Straßengraben, schleuderte zwischen zwei Pappeln ins Feld und wieder durch zurück auf die Straße, wobei sich erneut eine Lücke der Baumreihe als nützlich erwies.

Wie das Automobil aussah, ist nicht bildlich überliefert. Es ließ sich noch fahren, wenn der Mechaniker Fournier in akrobatischer Verrenkung die abgerissene Wasserpumpe festhielt. Er tat es, und Fernand Charron gewann das erste Gordon Bennett-Rennen, empfangen in Lyon von wenig Publikum; es waren höchstens 100 Menschen, zum Teil zufällige Passanten.

Charron war 9 Stunden und 9 Minuten unterwegs, sein Durchschnitt äußerst respektabel: 62,185 km/h. Ungeachtet seiner Abenteuer war er mit einer einzigen Reifenpanne durchgekommen, ein wahres Wunder.

Girardot als Zweiter und Letzter kam auf 10 Stunden, 36 Minuten und 23 Sekunden, Durchschnitt 53,650 km/h. Seiner zurechtgebastelten Lenkung zum Trotz fuhr er zurück nach Paris. Charron wartete die Reparatur seines Wagens nicht ab und nahm die Bahn.

Und es gab einen Mitsieger: Nach Charron und vor Girardot war Levegh auf dem Mors eingetroffen. Seine Zeiten wurden nicht registriert, im ersten Drittel des Rennens soll er mit Abstand geführt haben. Es war ein Denkzettel für die Sportkommission. Wenn Charron und Girardot in Orléans aufgegeben hätten, wäre der Mors allein angekommen – vielleicht gaben sie auch deshalb nicht auf.

So war das Rennen fast eine Farce, allenfalls auf einen neuen Beweis für die Überlegenheit französischer Technik hinausgelaufen. »Und das genügt nicht«, kommentierte die große Sportzeitschrift »La Vie au grand air« angesichts der internationalen Ausschreibung. Nur die Fahrer konnten mit sich zufrieden sein.

Fernand Charron, 1866 geboren, war zunächst ein berühmter Radrennfahrer mit 110 Siegen und zwei französischen Meistertiteln. Mit 31 Jahren stieg er 1897 auf Panhard & Levassor und machte Karriere, gewann 1898 Paris – Amsterdam – Paris vor Girardot und 1899 Paris – Bordeaux vor de Knyff. Durch Wintons Herausforderung war der Sieg im Gordon Bennett-Rennen sein persönlicher Triumph.

Léonce Girardot, Jahrgang 1864, debutierte auf Bollée-Motordreirad 1897 und auf Panhard & Levassor 1898. Er war der erste Rennfahrer, der als »ewiger Zweiter« in die Geschichte einging. 1899 brachte ihm Paris – Bordeaux den dritten Platz, doch er siegte in den Rennen Paris – Ostende und Paris – Boulogne und wäre ohne das Gordon Bennett-Rennen in der Saison 1900 nicht hervorgetreten, einmal mehr als Vizesieger.

Der belgische Chevalier René de Knyff, 1864 geboren, machte 1897 durch einen beachtlichen vierten Platz im Rennen Marseille – Nizza – La Turbie auf sich aufmerksam, errang weiter mit seinem Panhard & Levassor beachtliche Plätze und 1898 seinen ersten Sieg, vor Charron im Criterium des Entraineurs, gewann die Tour de France und Spa – Bastogne – Spa, dazu den zweiten Platz im Rennen Paris – Bordeaux. Im Jahr 1900 konnte er den Ausfall im Gordon Bennett-Rennen verschmerzen, denn er gewann im Circuit du Sud Ouest und Nizza – Marseille. Er war und blieb zudem ein großer Rennfunktionär. Seit 1899 war er Präsident der Sportkommission des Automobilclubs von Frankreich und mußte an erster Stelle die Zukunft des Gordon Bennett-Preises planen.

Léonce Girardot

Chevalier René de Knyff

Benz 3 Liter(?)-Zweizylinder, 15 PS

Panhard & Levassor 5,3 Liter-Vierzylinder, 24 PS bei 950/min

Snoeck-Bolide 10,6 Liter-Vierzylinder, 30 PS bei 900/min

Winton 3,8 Liter-Einzylinder, 16 PS bei 1100/min

1901: Das zweite Rennen

Ein großes Jahr für den Gordon Bennett-Preis war zu erwarten. Die Schweiz und Österreich hatten Wagen angekündigt, die Briten würden gewiß kommen, und aus Deutschland traf am 22. Dezember das erste Exemplar eines sensationellen Automobils bei Emil Jellinek in Nizza ein. Es war der neue Daimler, Jellinek nannte ihn Mercédès.

Paul Meyan, Chefredakteur von »La France Automobile« und Generalsekretär des Automobilclubs von Frankreich, hatte schon gewarnt:

Ein Hauptvorteil wird in seinem geringen Gewicht liegen, da der Motor ganz aus Magnalium – einer Legierung aus Magnesium und Aluminium – hergestellt wird. Weitere Vorteile sind: sehr gedrungene Bauart, zwangsläufig gesteuerte Einlaßventile, elektrische Zündung Patent Bosch, neuer und verbesserter Vergaser, verbesserte Kühleinrichtung, bei der sechs Liter Wasser zum Kühlen eines 16 PS-Motors ausreichen. Eine neue Steuerung. Neue Bremseinrichtungen. Ja, alles hübsche Projekte, wird man sagen. Nein – schon längst keine Projekte mehr, aber wirklich vorhandene Tatsachen. Vor den ersten Wintertagen noch werden wir neue Wagen laufen sehen, die mit den heutigen Daimler-Autos nichts mehr gemein haben als den Namen und die Geburtsstätte. Darum nicht mehr gezögert, französische Fabrikanten, flott an die Arbeit, ehe es zu spät ist und Daimler in Frankreich in Mode kommt.

Das war nicht übertrieben. Bei den Rennen der »Woche von Nizza«, 25. bis 29. März 1901, siegte der Daimler-Werksfahrer W. Werner triumphal in allen Wettbewerben: Distanzfahrt, Bergrennen, Meilenrennen. »Wir sind in die Ära Mercédès eingetreten«, schrieb P. Meyan vielzitiert. W. Maybach, Konstrukteur des Wagens und Daimler-Cheftechniker, resumierte: »Alles, was wir machten, hat bis jetzt keine Vorbilder, wir marschieren heute an der Spitze« – unter anderem mit gesteuerten Einlaßventilen statt der üblichen »Schnüffelventile«, die durch den Ansaug-Unterdruck betätigt wurden.

Doch den Franzosen blieb es erspart, sich im Gordon Bennett-Rennen an dem deutschen Wunderwagen zu messen. Emil Jellinek, allmächtiger Generalimporteur mit Sitz im Daimler-Aufsichtsrat seit 1900, hatte 24 Wagen bestellt. Aber die beiden, die sich in Nizza nach den Rennen als universelle Tourer mit Rücksitzen präsentierten, waren verkauft, die Nachfrage ließ laut Werk keinen Rennwagen für die Meldung übrig, auch sei die Aufforderung im April zu spät gekommen.

Der Deutsche Automobil-Club rief seine Mitglieder zu Ausscheidungsrennen am 12. Mai in Mannheim auf. Von drei Mercédès war die Rede, als Fahrer Tischbein, der Franzose Lemaître und der Brite Barrow; mit Blick auf die Überlegenheit des Wagens waren zwei Nominierungen für sie reserviert.

Um den dritten Platz wurde ein Ausscheidungswettbewerb zwischen dem 70 PS-Canello-Dürkopp und dem 50 PS-Benz anberaumt. Dürkopp in Bielefeld baute Automobile seit 1898 und hielt sich eng an das Vorbild von Panhard & Levassor, vermutlich ohne Lizenz. Der Rennwagen stammte aus der Pariser Filiale S. A. des Automobiles Canello-Dürkopp. Canello wollte ihn unter dem Pseudonym Canellopoulos fahren, auch Eugen Benz kündigte sich an. Doch nur Tischbein erschien in Mannheim. Er verunglückte bei der Prüfungsfahrt, der Club zog die Meldung für das Gordon Bennett-Rennen zurück.

Die Schweiz und Österreich ließen nichts von sich hören. Winton war technisch kaum weitergekommen und mochte keine erneute Blamage riskieren. Auch aus Belgien kam nichts; Snoeck gab die Bolide-Produktion an den Urheber Lefèbvre ab. F. N., die Fabrique Nationale d'Armes de Guerre (Nationale Kriegswaffenfabrik) in Lüttich, äußerte nur Ambitionen ihrer seit 1899 tätigen Automobilabteilung.

Nur für Großbritannien wurde ein Wagen gemeldet; er allerdings war furchterregend, ein Gigant mit 16,3 Liter Hubraum in vier Zylindern mit je drei Ventilen. Der Motor allein wog 350 Kilogramm, die Leistung wurde anfangs mit 50 PS angegeben, kam aber auf mindestens 80 PS bei 850/min, nach anderer Quelle sogar auf 103 PS bei 800/min. Er soll 100 Liter/100 km verbraucht haben, der Tank faßte 200 Liter. Die Konstruktion des Wagens enthielt alle modernen Elemente nach französischem Muster, das Getriebe hatte vier Gänge.

Initiator war der Sportsmann S. F. Edge, Erbauer die Firma Napier in London.

Selwyn Francis Edge stammte aus Australien. Er war 1868 in Sydney geboren und lebte seit seiner Kindheit in England. Von 1887 bis 1893 war er als Radrennfahrer prominent, 1896 stieg er auf Motorfahrzeuge um. Als Verkaufsleiter bei Dunlop konnte er es sich leisten, 1899 seinen Zweizylinder-Panhard & Levassor total modernisieren zu lassen. Montague Napier, Junior in der auf Präzisionsmechanik spezialisierten Firma Napier, besorgte den Umbau mit Lenkrad statt Pinne und Eigenkonstruktion eines neuen Motors. Im nächsten Jahr, 1900, begann die Napier-Automobilfabrikation.

S. F. Edge sorgte für Aufträge aus seinen Kreisen, unter anderem von Hon. C. S. Rolls, dem späteren Rolls-Royce-Initiator, und vom Grafen Louis Zborowski, der ein großer Rennfahrer wurde und 1903 auf Mercédès beim Bergrennen von La Turbie tödlich verunglückte. Sie waren reiche Sportsmen, Rolls Sohn eines Lords und wie der Graf ein exzellenter Fahrer, wie Edge handelte er auf feine Art mit Autos.

Fahrbereit soll der Napier 3250 Kilogramm gewogen haben, trocken brachte er laut »The Autocar« 1425 Kilogramm auf die Waage. Im Punkte Gewicht war das Gordon Bennett-Reglement gelockert worden, das Minimum von 450 auf 650 Kilogramm angehoben, das Höchstgewicht nicht mehr limitiert.

Selwyn Francis Edge

Charles Stuart Rolls

Doch als sich S. F. Edge in letzter Minute mit seinem donnernden Superwagen zum Start stellte, wurde er disqualifiziert.

Bei der Anfahrt hatte er seine britischen Dunlop-Reifen verbraucht. Der britische Club-Geschäftsführer Claude Johnson, nachmals Seele der Firma Rolls-Royce, trug der Abnahmekomission vor, neue seien in Paris nicht zu beschaffen. Doch die Michelin-Reifen auf dem Napier verstießen gegen die klare Bestimmung, daß alle Teile des Wagens aus dem eigenen Land stammen mußten.

Edge startete dennoch, außer Konkurrenz und mit weiteren Handicaps. Der Wagen war im letzten Augenblick fertiggeworden, erwies sich bei der Anfahrt via Boulogne als schwierig zu handhaben und neigte zu Vergaserbränden, und die britischen Reifen waren den Ansprüchen nicht gewachsen; Edge hatte den Napier noch nicht im vierten Gang ausfahren können.

Immerhin konnte er moralischer Sieger werden, ansonsten hatte der Gordon Bennett-Preis 1901 keinen Sinn. Nur das französische Team war am Start, wieder ohne Ausscheidungsrennen gewählt, doch aus der Nominierung der Fahrer ergab sich die Teilnahme der Fabrikate: Charron und Girardot auf Panhard & Levassor, Levegh auf Mors.

Es war auch kein autonomes Gordon Bennett-Rennen. In Vorahnung des Debakels der Ausschreibung hatte der Automobilclub von Frankreich den Preis in das Rennen Paris – Bordeaux am 29. Mai 1901 eingeklinkt. Unbedingt wollte er den Preis austragen. Die neugegründete Union Automobile hatte Höchstgeschwindigkeitsrennen für überflüssig erklärt; hinter ihr stand das »Petit Jornal«. Herausgeber Giffard war 1894 Veranstalter des ersten Rennens, Paris – Rouen, jetzt aber mit seinem damaligen Freund de Dion zerstritten. Der Automobilfabrikant Alexandre Darracq stützte die Union Automobile; sein Erfolgsrezept waren brave Gebrauchswagen. Doch die Majorität in der Chambre Syndicale de l'Automobile sah auf den Werbewert der Rennen. Darracq wich vor der Phalanx zurück, die Union Automobile lebte nicht lange, und Darracq mußte Rennwagen bauen, um nicht an Rang zu verlieren.

Das Rennen Paris – Bordeaux am 29. Mai 1901 war ein großes Ereignis. Über 60 Fahrer, darunter viele Ausländer, nahmen ab 3.30 Uhr morgens inmitten einer Menschenmenge die 527 Kilometer in Angriff.

Die Fahrer wurden in zwei Minuten Abstand auf die Strecke geschickt wie bei den Straßenrennen üblich; beim Gordon Bennett-Rennen im Vorjahr hatte es sich angesichts der wenigen Wagen erübrigt. Nur so konnte ein lebensgefährliches Chaos vermieden werden, doch aus mehr als zwei Stunden Abstand vom Ersten zum Letzten schon beim Start ergab sich eine lange Karawane, die unterwegs die tatsächliche Plazierung nur aus den Zeitkontrollen erkennen ließ; auch am Ziel kam der Sieger nicht unbedingt zuerst an.

Dem Zuschauer wurde allemal ein Spektakulum geboten, es sollte jedoch nicht ausarten. An den Kurven waren laut Reglement Beobachter zu postieren, Vorläufer heutiger Streckenposten, aber in Richterfunktion. Sie hatten darauf zu sehen, daß kein Fahrer »absichtlich oder sonstwie einen anderen behindert, indem er ihn unrechtmäßig überholt oder schneidet oder auf andere Weise unrechtmäßig das Resultat des Rennens beeinflußt«. Es war ein Wort in Gottes Ohr, doch immerhin eine Mahnung zur Fairness unter Androhung der Disqualifikation.

Für den direkten Gordon Bennett-Wettstreit der Franzosen sorgte ihr Start an erster Stelle: Charron vor Levegh und Girardot. Und S. F. Edge durfte an vierter Stelle abfahren, eine faire Entscheidung im Sinne des Internationalen Preises; als Mechaniker begleitete ihn Montague Napier.

Schon vor Mitternacht hatte die Anfahrt der Vielzahl von Paris nach Saint Cloud begonnen, hunderte von Radlern mit bunten Lampions eskortierten die beleuchteten Wagen, eine Kavallerieschwadron sicherte die Strecke vor allzuviel Begeisterung des Publikums, und die Gendarmerie entfachte einen unerwarteten Papierkrieg, verlangte Führerscheine und sonstige Lizenzen; Levegh mußte an den Präfekten persönlich appellieren, um starten zu dürfen. Auch ließ ein Radler seinen Lampion in eine Benzinlache fallen. Der Mors von Henri Fournier, im Vorjahr Charrons Mechaniker, konnte knapp aus den Flammen gerettet werden.

Zu fahren war von Saint Cloud die Route Versailles – Chartres – Chateaudun – Vendôme – Tours – Sainte Maure – Poitiers – Couhé-Verac – Ruffec – Angoulême – Bordeaux.

Henri Fournier

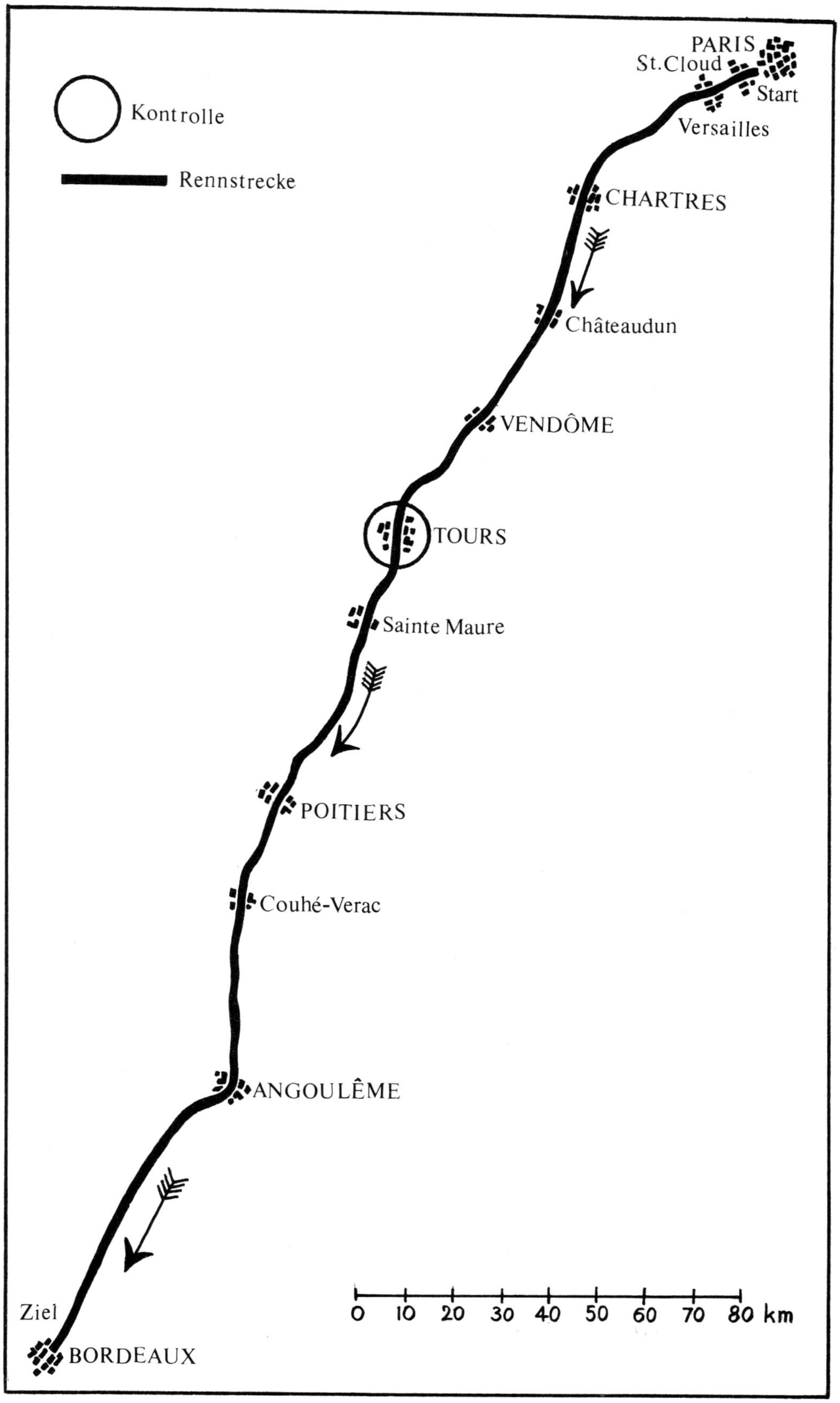

Paris — Bordeaux 29. 5. 1901

Die 7,4 Liter-Panhard & Levassor von Charron und Girardot leisteten 40 PS bei 1050/min. Wäre der Mercédès gestartet, so hätte er es mit seinem 5,9 Liter-Vierzylinder, für den 35 PS bei 1000/min angegeben wurden, auf langen Geraden nicht leicht gehabt. Und der Mors von Levegh war mit seinem 10,1 Liter-Vierzylindermotor und 60 PS bei 950/min der stärkste Rennwagen des Kontinents — Zweifel an Angaben vorbehalten. Dazu der britische Gigant mit seiner 100 PS-Legende – es war für Kenner spannend. Das Publikum konnte den Wettstreit in der Gordon Bennett-Wertung nicht erkennen.

Die Startfolge Charron-Levegh-Girardot ließ eine Aufholjagd der Gordon Bennett-Preisbewerber erwarten. Aber Charron stoppte nach wenigen Metern. Er hatte Schwierigkeiten mit den Ventilen, brachte den Wagen wieder in Fahrt. Levegh überholte ihn schon vor Versailles.

In Chartres führte Levegh vor Girardot, Edge war mit dem Napier hinter zwei später gestartete Fahrer zurückgefallen; es waren Voigt auf Panhard & Levassor und Fournier auf Mors. Charron spielte schon keine Rolle mehr, er mußte sich immer wieder mit den Ventilen befassen. In Vendôme, 163 Kilometer vom Start, gab er auf.

Auch Girardot kämpfte mit einem mechanischen Problem; bei ihm war es die Kupplung. In Vendôme war ihm Levegh um 20 Minuten voraus, Edge allerdings abgeschlagen.

Die Stadtdurchfahrt Tours war neutralisiert. Ein Posten mit gelber Flagge und Signalhorn meldete 300 Meter vor der Kontrollstation die Ankunft der Wagen, Radler lotsten sie in 25 Minuten durch die Stadt. Die Ankunftszeit des jeweiligen Wagens wurde dem Radler auf einem Zettel mitgegeben, so daß ein kontrollierter Start folgte.

Die Ankunfts-Uhrzeiten an dem glühend heißen Maimorgen in Tours: Levegh 7.19, Fournier 7.40, Voigt 7.47, Girardot 7.53 Uhr. Ihnen folgten Farman und Axt auf Panhard & Levassor-Wagen, Edge traf um 8.16 Uhr ein.

Edge mußte in Couhé-Verac aufgeben. Die Kupplung des Napier war verschlissen, der Tank leckte. So konnte allein Girardot noch den Gordon Bennett-Preis gewinnen. Nach 8 Stunden, 20 Minuten und 59 Sekunden traf er in Bordeaux ein, Durchschnitt 59,55 km/h.

Im Rennen Paris – Bordeaux kam Girardot damit nur auf den zehnten Platz. Fournier auf Mors war der überlegene Sieger mit 85,29 km/h. Ihm folgten sieben Panhard & Levassor; den sechsten Platz errang einer der leichten Klasse, zu der auch der Darracq auf dem neunten Platz gehörte.

Insgesamt erreichten 25 von über 60 gestarteten Wagen das Ziel: Je 10 der schweren und der leichten Klasse, dazu 5 Voiturettes. Nach Girardot kam mit nur 6 Minuten Rückstand der belgische Baron de Crawhez auf seinem schweren Panhard & Levassor. 35 und 42 Minuten nach ihm folgten die Spitzenreiter der Voiturettes – vierrädrige Kleinwagen, gefahren vom Konstrukteur und seinem Bruder: Louis und Marcel Renault waren mit sich zufrieden. Von den Veranstaltern des Gordon Bennett-Preises ließ sich das nicht behaupten.

Panhard & Levassor 7,4 Liter-Vierzylinder, 40 PS bei 1015/min

Turbulenzen

Auf das Rennen Paris – Bordeaux folgte 1901 noch Paris – Berlin, 1105 Kilometer in drei Etappen, 27. bis 29. Juni. Von 98 Fahrern kamen 43 ans Ziel, Fournier auf Mors siegte mit 70,435 km/h Durchschnitt. Die Leistung der französischen Wagen war unschlagbar, auf Mercédès erreichte Werner den 16. Platz, Lemaître den 24. Platz. Frankreichs Industrie profitierte vom Rennruhm, auf 20 Millionen Francs Umsatzsteigerung wurde der Effekt geschätzt.

Dennoch war die Regierung in Paris entschlossen, Straßenrennen ein für allemal zu verbieten. Die meisten regionalen und lokalen Behörden waren ohnehin gegen die Störung der öffentlichen Ordnung, und das Volk, vor allem auf dem Land, empfand mehr die Belästigung als die Belustigung; Politiker machten es sich zunutze.

Es sah so aus, als ob in Zukunft nur noch Bergprüfungen und Wettbewerbe auf Privatstraßen möglich sein würden wie in England, wo keine Ausnahme vom strikten Tempolimit auf öffentlichen Straßen gemacht wurde: 19 km/h, 1904 gnädig gemildert auf 32 km/h. Die Briten tummelten sich in Frankreich; nach ihrer Erfahrung waren dortige Geschwindigkeitsbeschränkungen dazu bestimmt, übertreten zu werden. Doch an Rennveranstaltungen war nicht mehr zu denken, falls kein Wunder geschah.

In anderen Ländern waren die Chancen noch schlechter; in Italien wurden sie von törichten Fahrern zerstört, die beim Training zum Rennen Nizza – Abbazia – Nizza ohne Rücksicht auf Mensch und Tier durch die Gegend rasten.

Das Wunder kam kurioserweise vom französischen Landwirtschaftsministerium, wo schwere Sorge wegen der Überproduktion von Alkohol herrschte. Der Automobilclub von Frankreich, der nach mannigfaltigen Grübeleien ein Rennen Paris – Wien ins Auge gefaßt hatte, servierte dem Ministerium listig die Möglichkeit, für Alkohol in Form von Brennspiritus als Kraftstoff zu werben.

Spiritus galt neben Petroleum damals noch als Alternative zum Benzin, er wurde wegen der geringeren Brandgefahr für die Wagen gekrönter Häupter verwendet, auch für Feuerwehrwagen empfohlen. Die Nachteile waren jedoch schon erwiesen, nicht nur für die Leistung. Der Alkohol griff Metalle in Motoren an und brachte Startschwierigkeiten: »Man muß entweder ein gewiß nicht ganz gefahrloses Anwärmen der Motoren mittels offener Flamme oder ein Anlassen mit Benzin vornehmen«, stellte die deutsche Marine bei Versuchen in Motorbooten 1907 ablehnend fest.

1901 war die Debatte scheinbar noch offen, und das Landwirtschaftsministerium selbst veranstaltete tatsächlich selbst ein Rennen: Circuit du Nord, in zwei Etappen am 15. und 16. Mai 1901 ausgetragen, insgesamt 864 Kilometer Champigny – Arras und Arras – Saint Germain. Der Zweck wurde nicht erreicht, nur wenige Fahrer vertrauten sich dem Spiritus an. Ein alkoholbefeuerter Serpollet-

Dampfwagen kam ans Ziel, doch sein Leistungsverlust wurde mit 20 Prozent beziffert.

Gratulieren konnte sich der Automobilclub von Frankreich: Der Innenminister hatte nun doch ein Rennen genehmigt, und es war ohne Unfall verlaufen.

Es war die Generalprobe für das Gewichtslimit von 1000 Kilogramm (plus 7 kg Toleranz), das die Sportkommission des Clubs als Ausrichter beim Circuit du Nord diktiert hatte; der Rennbetrieb sollte nicht Superwagen züchten, sondern durch Förderung vernünftigen Fortschritts überzeugen. Im überarbeiteten Reglement war auch die Respektierung neutralisierter Zonen festgelegt, angezeigt wurden sie mit einer schwarzen Flagge. Eine blaue Fahne befahl langsames Fahren in gefährlichen Passagen oder behördlich limitierten Zonen. Jeweils 100 Meter vor diesen Signalen warnte eine blau-schwarze Fahne. An einer gelben Fahne mußten die Fahrer stoppen. Und der Parc fermé wurde geboren, »Basteln in den Garagen" war strikt verboten.

Paris – Bordeaux kam von vornherein nicht in die Debatte, der Automobilclub von Nizza hatte das Rennen nach Abbazia liquidieren müssen. Doch Paris – Wien, 26. bis 29. Juni 1902, wurde genehmigt.

Die Sorgen der Sportkommission waren damit nicht vorüber. Die Schweiz verweigerte nicht nur jegliches Rennen, sondern auch die neutralisierte Durchfahrt, eine Umgehung durch Bayern ließ sich ebenfalls nicht verwirlichen. Erst 12 Tage vor dem Rennen setzte sich in der Schweiz die Aufassung durch, die Eidgenossen dürften gegenüber Franzosen und Österreichern nicht als rückständig erscheinen. Neutralisiert mit kontrolliertem Wohlverhalten durfte die Karawane das Land durchqueren. Zum Glück lag der Kanton Graubünden nicht auf dem Weg. Dort herrschte seit 1900 absolutes Automobilverbot; erst 1925 ist es angesichts einer Flut von Ausnahmen aufgehoben worden.

Der Nervenkrieg hielt den Veranstalter nicht davon ab, das Rennen mit aller Erfahrung zu organisieren, die Donaumonarchie stellte Militärtelegraphisten an der Strecke zur Verfügung. Auch die Teilnehmerzahl für Paris – Wien litt nicht merklich. Der Gordon-Bennett-Preis hingegen war erneut nur ein binationaler Wettstreit. Doch er endete eigenartig.

Paris — Innsbruck. Gordon Bennett-Rennen 1902

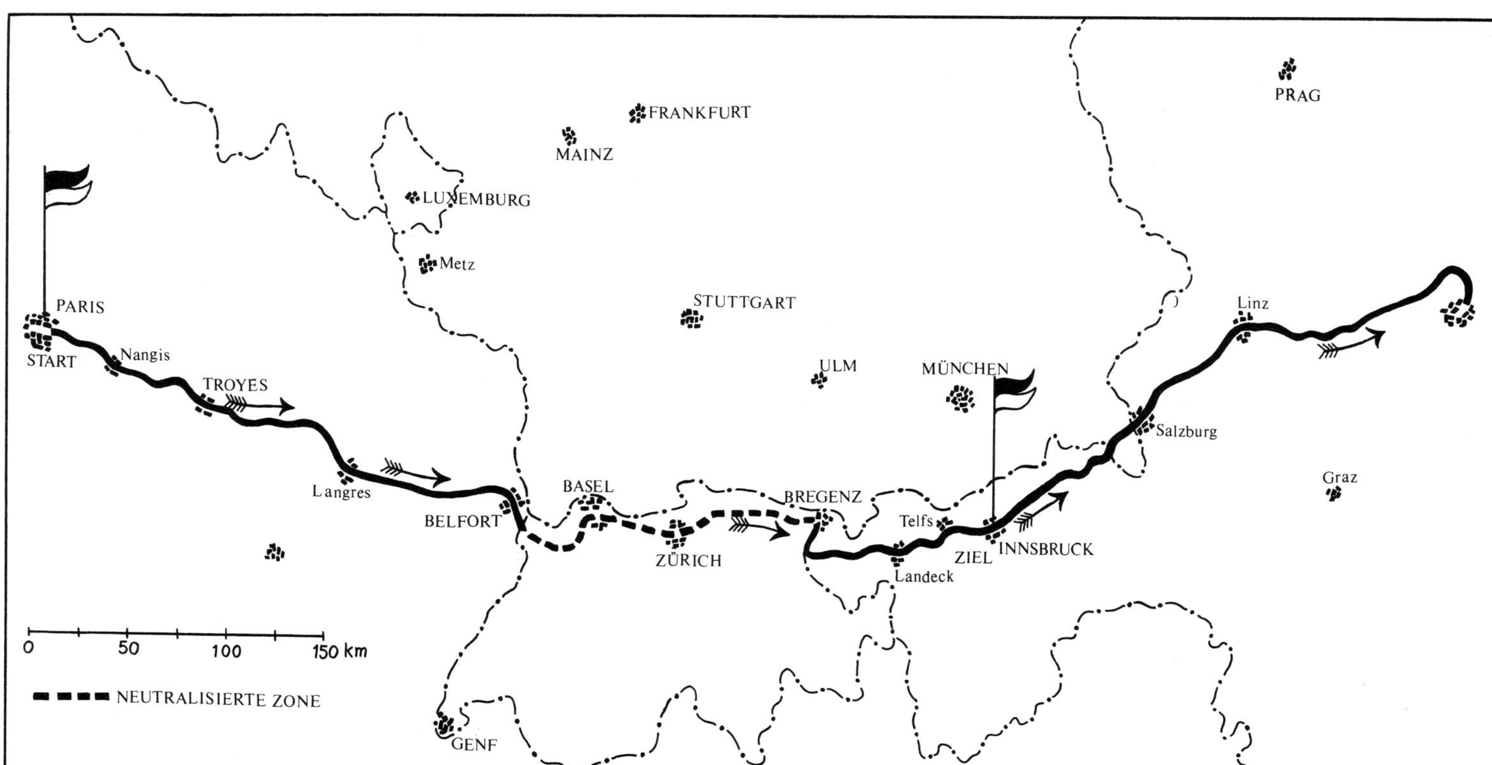

1902: Das dritte Rennen

Diesmal hätte der Automobilclub von Frankreich beim besten Willen kein Ausscheidungsrennen für sein Team veranstalten können; allenfalls auf den kaum repräsentativen Rundkursen von Deauville, Gaillon oder La Turbie wäre es dem Zugriff der Behörden entgangen.

Für die Wahl der Fahrer und damit der Fabrikate hatte sich die Konstellation verändert. Charron und Levegh standen nicht mehr zur Verfügung; sie gaben den Rennsport für immer auf. Nominiert wurden Fournier, de Knyff und Girardot. De Knyff hatte eine Scharte auszuwetzen. Beim Circuit du Nord, dem »Rennen des Ministers«, war er ein Opfer des Alkohols (im Tank) geworden.

Fournier auf Mors, de Knyff auf Panhard & Levassor, das war selbstverständlich, mit Girardot jedoch eine neue Marke verbunden: C. G. V., gegründet kurz zuvor von Charron, Girardot und Voigt, dem Dritten des Rennens Paris – Bordeaux im Vorjahr.

Rennformeln wirken sich selten im Sinne ihrer Erfinder aus. So war es auch mit dem 1000 Kilogramm-Gewichtslimit. Die Fahrwerke wurden abgemagert, von »Skeletten« war die Rede, und der Hubraum wuchs über alles Erwarten. Positiv war die Herausforderung zu stabilen Leichtbaukonstruktionen aus bestem Material.

Der Panhard & Levassor von de Knyff hatte 13,7 Liter Hubraum in seinen vier Zylindern; 70 PS bei 1200/min machten ihn zum stärksten Wagen des Rennens. Der Rahmen bestand nach wie vor aus stahlarmiertem Holz. Die C. G. V.-Konstruktion knüpfte am vorjährigen Panhard & Levassor an, doch waren 9,9 Liter Hubraum erforderlich, um seine 40 PS zu erreichen. Der 9,3 Liter-Mors war mit 60 PS dem C. G. V. beträchtlich überlegen, Drehzahlen wurden nicht genannt; es waren zirka 1000/min, Vierganggetriebe selbstverständlich.

Das ausländische Echo auf den Gordon Bennett-Preis war wiederum enttäuschend. Die Belgier vertrösteten aufs nächste Jahr, in der Schweiz gab es keine Reifenfabrik. In Italien bewies die F. I. A. T. sportliche Ambitionen, konnte sich aber dem Leistungsanspruch noch nicht stellen, und die Amerikaner sahen in Europa keine kommerziellen Chancen; ihr Interesse galt vor allem der Massenproduktion erschwinglicher Wagen. Aus Österreich kam nichts, und Daimler war vollauf damit beschäftigt, mit der Simplex-Modellreihe (die Bezeichnung sollte die einfache Bedienung betonen)

Graf Henricourt de Grünne, A. C. Belgien

den Mercedes-Ruf auszumünzen; gründliche Vorarbeit für Rennwagen im nächsten Jahr war in Cannstatt die Parole. Benz mußte den Mercedes-Vorsprung aufholen, andere Fabrikanten zügelten nolens oder volens ihre Ambitionen.

Die Gerüchteküche dampfte, Jenatzy verbiß sich in Mixte-Wagen mit Benzinmotor als Stromerzeuger für den elektrischen Antrieb. Soweit es in anderen Ländern schon Automobilfabrikationen gab, konnten sie nicht alle Teile einheimisch beschaffen.

Nur Briten waren fest entschlossen, die Spitzenreiter des Kontinents auf die Plätze zu verweisen. Montague Napier entwickelte für den Gordon Bennett-Preis einen Wagen mit 6,4 Liter-Vierzylindermotor und stahlarmiertem Holzrahmen. 44,5 PS wurden angegeben, die Drehzahl ist nicht bekannt. Ein Handicap gegenüber den Franzosen war das Dreiganggetriebe. Fahrer war S. F. Edge mit seinem Vetter Cecil als Mechaniker.

Und Wolseley, Fabrik für Schafschermaschinen, hatte sich seit 1899 unter Leitung von Herbert Austin in den Automobilbau eingearbeitet, auf eigene Art mit Boxer-Vierzylindern. Ein 8,3 Liter-Dreizylinder-Rennwagen war für den Gordon Bennett-Preis bestimmt. Montague Grahame-White, später als Flieger bekannt, fuhr ihn nach Frankreich, aber der kaum erprobte Wagen war nicht startreif. 45 PS bei 800/min soll er geleistet haben. Der zweite gemeldete Wolseley mit 6,4 Liter-Vierzylindermotor gleicher Bauart hatte mit 30 PS bei 800/min keine Chance. Er galt als zuverlässig. Sein Fahrer Callan gab ihn an Grahame-White ab, den Herbert Austin begleitete. Nach einem schweren Motorschaden kurz vor dem Start mit fünfstündiger Reparatur waren sie endlich unterwegs, in Belfort verloren sie zwei Stunden auf der Suche nach Motoröl, aber sie machten ihrem Club alle Ehre. Bei Landeck in Österreich blieben sie mit Kurbelwellenbruch liegen. Der große Wolseley ist möglicherweise auch gefahren, erscheint aber in keiner Wertungsliste. Anscheinend hat Callan diesen Wagen übernommen, ohne offiziell an den Start zu gehen oder als Verfolger weit zu kommen. Ihn begleitete Claude Johnson. C. S. Rolls, noch Importeur französischer Wagen, fuhr einen der drei 9,3 Liter-Mors-Wagen im Rennen Paris – Wien, den gleichen Typ wie Fournier. Für die Rennteilnehmer Paris – Wien galt die Klassifizierung in schwere und leichte Wagen nebst Voiturettes. Enorm viele Meldungen trafen ein: 219. Am Start erschienen 137 Teilnehmer.

Das Rennen begann am 26. Juni 1902, frühmorgens um 3.30 Uhr, im Vorort Champigny, wieder nach stundenlanger Auffahrt in toller Szenerie mit den Lampions der Radler und gleißendem Azetylenlicht der Scheinwerfer, wieder die Bewerber um den Gordon Bennett-Preis an der Spitze: Girardot auf dem C. G. V. um 3.30 Uhr, gefolgt von Fournier auf dem Mors, Edge auf dem Napier und de Knyff auf dem Panhard & Levassor, der erneut für den alkoholischen Kraftstoff werben sollte; der belgische Chevalier war geschäftlich daran interessiert. Zwei Preise waren für Teilnehmer mit Alkohol statt Benzin ausgesetzt, eine Ausnahme vom strikten Werbeverbot an den Wagen gewährt; mit »AL« durften sie gekennzeichnet werden. In Belfort erhielt de Knyff einen Preis und ist dann wohl mit Benzin gefahren.

Genaue Bestimmungen für den Parc fermé waren getroffen. Nach der Ankunft am Etappenziel war eine Viertelstunde Arbeit an den Wagen erlaubt, morgens eine Stunde vor dem Start. Beim Gewichtslimit wurde ein Extra für Zündmagneten gewährt.

990 Kilometer in drei Tagesetappen waren bis Wien zu bewältigen. Die Bewerber um den Gordon Bennett-Preis mußten nur bis Innsbruck fahren, 595 Kilometer, weil ihr Reglement eine Distanz zwischen 550 und 650 Kilometer vorschrieb.

Alle zwei Minuten wurde ein Wagen gestartet, ungeheure Staubwolken umhüllten die Aufholer. Zuschauer erlebten strekkenweise nur das Donnern der Motoren, blind wie die Fahrer. Überholen war ein Vabanque-Spiel, es gab zahlreiche Ausritte und Karambolagen, auch reichlich Pannen.

Die erste Tagesetappe, 375 Kilometer von Paris nach Belfort, gewann de Knyff in 4 Stunden, 18 Minuten und 30 Sekunden, was den enormen Durchschnitt von 88 km/h ergab. Nur 12 Minuten nach ihm folgte der Paris-Wien-Spitzenreiter Henri Farman, ebenfalls auf Panhard & Levassor.

Doch vom französischen Gordon Bennett-Team war de Knyff allein übriggeblieben. Der C. G. V. von Girardot litt an Kinderkrankheiten und blieb mit leckem Tank endgültig liegen, den Mors von Fournier stoppte ein Wellenbruch.

Fast zwei Stunden nach de Knyff traf Edge mit dem Napier in Belfort ein, 78 Minuten nach dem schnellsten Fahrer der leichten Klasse, Edmond auf dem 5,9 Liter-Darracq mit 24 PS. Leicht war ein solcher Wagen tatsächlich; die Grenze lag bei 650 Kilogramm, für die Voiturettes bei 400 Kilogramm.

Nur 75 Wagen aller Klassen schafften die erste Etappe, auf dem 10. Platz der 6,9 Liter-Mercédès des Grafen Zborowski mit 40 PS bei 950/min. Zwei weitere Mercédès hatten sich nicht ausgezeichnet, sie kamen hinter Edge an, der den 24. Platz erreichte.

Am zweiten Tag wurde die Schweiz durchfahren, 25 km/h durften nicht überschritten werden; für die Zuschauermassen an der neutralisierten Strecke war es eine phantastische Parade mit nicht allzuviel Staub. In Bregenz begann die Etappe nach Salzburg, 318 Kilometer. Der Mercédès-Fahrer De Forest, der in Belfort auf dem 25. Platz gelegen hatte, zwei Sekunden hinter Edge, zog gewaltig vor und errang den Etappensieg, und auch zwei Wagen der leichten Klasse hatten Zborowski überholt: Henri Farman und Marcel Renault, dessen 5,4 Liter-Motor nur 16 PS leistete.

Schwerste Strapazen warteten im Gebirge auf Fahrer und Wagen. Die Straßen waren miserabel mit Rinnen, Schlaglöchern, Steinen. De Knyff kam nicht bis Salzburg. Sein Differential verlor Öl, ein Zahnradbruch stoppte ihn 50 Kilometer vor dem Etappenziel. Der Napier lag in Salzburg auf dem 26. Platz. Jetzt mußte er nur noch in Innsbruck ankommen, um den Gordon Bennett-Preis in Empfang zu nehmen.

In der dritten Etappe des Rennens Paris – Wien wechselte nochmals die Führung. Marcel Renault wurde Gewinner des Tages und Sieger im Gesamtklassement mit 62,675 km/h Durchschnitt vor Henri Farman, Edmond, Zborowski und Maurice Farman. 74 Wagen erreichten Wien, und S. F. Edge hatte mit seiner Ankunft in Innsbruck den Gordon Bennett-Preis gewonnen.

Sein Durchschnitt von 51,295 km/h konnte sich gegenüber weit schwächeren Wagen nicht sehen lassen, doch Edge hatte den Erfolg verdient. Er mußte mit chronischen Zündungsproblemen kämpfen, auf dem größten Teil der Strecke brachte der Motor nicht die volle Leistung, dem Fahrer wurde umsomehr abgefordert, und er hatte schon vor Belfort sein Werkzeug mitsamt den Reserveschläuchen verloren.

Fraglichkeiten führten zu Protesten. Hatte Edge per Eisenbahn vorausgeschickte britische Schläuche und auch Reifen erhalten, wie er unterwegs behauptet

Henri Farman

haben soll? Konnte er sie mit Vetter Cecil ohne Werkzeug montieren? Die Proteste nannten es unmöglich, fremde Hilfe verbot das Reglement. Am Ziel waren verschlissene britische Reifen montiert, angeblich ungewechselt seit dem Start, Pannen seien mit bloßen Händen behoben worden. Neben dem Beweis ungewöhnlicher Handfertigkeit wäre es ein Triumph britischer Reifenqualität gewesen, nachdem sie sich bei der Anfahrt als mangelhaft erwiesen hatte. Oder durfte sich die Garnitur bis kurz vor dem Ziel an Bord erholen? Auch soll der Napier laut Protest nach einem Ausritt die Straße nicht aus eigener Kraft wiedergefunden haben.

De Knyff, maßgebend als Präsident der Sportkommission, wies nobel alle Verdächtigungen zurück. Der Automobil-Club von Großbritannien und Irland erhielt den Wanderpreis und war damit verpflichtet, das nächstjährige Gordon Bennett-Rennen zu veranstalten.

Doch auf britischen Straßen durften Kraftfahrzeuge nicht schneller als 12 mph fahren, 19 km/h. Eine Ausnahme von der gesetzlichen Vorschrift konnte nur das Parlament beschließen.

Mors 9,2 Liter-Vierzylinder, 60 PS bei 900/min

Napier 6,4 Liter-Vierzylinder, 45 PS bei 950/min

Panhard & Levassor 13,7 Liter-Vierzylinder, 70 PS bei 1200/min

Pfadfinder

Die französische Regierung hatte 1902 eine allgemeine Geschwindigkeitsbeschränkung auf 30 km/h durchsetzen wollen. Das erklärte sich aus aktuellen Sorgen, die britische Gesetzgebung ergab sich aus einer Vorgeschichte.

Aus Versuchen schon seit 1781 waren im frühen 19. Jahrhundert »Straßenlokomotiven« hervorgegangen. In den 1820er Jahren entwickelte sich mit brauchbaren Lastwagen und vor allem Omnibussen ein Konkurrenzkampf gegen Fuhrleute und Eisenbahn. Mehr als 100 Straßendampfer liefen im Verkehr, als die Gegner obsiegten. Unfälle begründeten 1863 das Gesetz, das für Wagen ohne Pferd innerorts 3,2 km/h verordnete. Dies Fußgängertempo bestimmte ein Mann mit roter Fahne wie bei einem Sprengstofftransport, etwa 50 Meter vor dem Wagen. Außerorts waren 4 km/h erlaubt, der Fahnenträger durfte aufsitzen. Er entfiel 1878, doch das Verkehrsmittel war abgewürgt, während in Frankreich schon flotte Dampfer liefen.

Erst 1896 ließ sich das Eis brechen. Frederick Richard Simms, Gründer des Daimler Motor Syndicate, veranstaltete in Conventry die erste britische Automobilausstellung. König Eduard VII. ließ sich von Simms in einem Daimler fahren und war begeistert. Das ebnete den Weg zum neuen Gesetz, dem Light (Road) Locomotive Act von 1896. Mit 54 Wagen, sämtlich mit Daimler-Motoren und zum Teil vom Kontinent herbeigeschafft, veranstalteten die befreiten Automobilisten die historische Triumph- und Propagandafahrt von London nach Brighton, die noch heute nachvollzogen wird. Das Tempolimit vergällte kaum die Freude, erwies sich jedoch angesichts rigoroser Polizisten und hoher Strafen als Plage, den Motorsport beschränkte es auf Beweise der Bergsteigefähigkeit und der Zuverlässigkeit. 1899 fuhr ein Benz, von der Zeitung »Daily Mail« herausgefordert, 160 Kilometer London – Oxford – London mit 22 km/h Durchschnitt ohne Defekt.

Frankreich war das Dorado für schnelle Gentlemen, den technischen Rückstand britischer Fabrikate machte das Gordon Bennett-Rennen 1902 deutlich. Doch der Sieg von S. F. Edge auf dem Napier, wenngleich nicht glanzvoll, war ein starker Impuls.

Laut Reglement hätte der britische Club das Rennen in Frankreich austragen können. Das ging auch den Politikern gegen die Ehre.

An einen Rundkurs in entlegener Gegend ließ sich denken, die Bestimmungen des Gordon Bennett-Rennens erlaubten es im Prinzip – bei nicht allzu enger Auslegung: »Eine Strecke darf mehrfach befahren werden, wenn die Distanz in einer Richtung mindestens 125 Kilometer beträgt.« Mit Blick auf den interessanten belgischen Circuit des Ardennes, 510 Kilometer in Runden à 85 km/h, legten sich die französischen Päpste nicht quer, als die Briten eine solche Lösung ins Auge faßten.

Doch unbestreitbar entlegen in den Augen des Parlaments konnte nach Lage der Dinge nur

Irland sein. Claude Johnson und Graf Zborowski erkundeten mit dem Automobilbauer J. D. Siddeley das Hinterland von Dublin, geführt von dem irischen Clubpräsidenten W. G. D. Goff. Dublin war der ideale Hafen gegenüber von Liverpool, gut erreichbar auch per Schiff von London in neuneinhalb Stunden.

John Scott-Montagu, später Lord Montagu of Beaulieu, Vater des Sammlers und Historikers unserer Zeit, brachte das Ausnahmegesetz im britischen Parlament ein. In der heißen Debatte schäumten Autogegner, den höllischen Vehikeln sollten keinerlei Rechte eingeräumt werden; 10 km/h seien genug, statt fruchtloser Geldbußen solle die Prügelstrafe verordnet werden.

Die Iren waren zu überzeugen. Ein Rundbrief versprach 20 000 Pfund Ertrag für die Wirtschaft der grünen Insel neben der internationalen Werbewirkung. Adressaten waren politische Autoritäten, die 102 irischen Parlamentarier und 90 Peers, in der Region 94 Verwaltungshäupter und Bürgermeister. Den Bischof von Kildare und Leighlin erfreute die Mitteilung, mit Rücksicht auf die Messe finde das Rennen an einem Werktag statt, auch seine Priester erhielten den Brief, und er befürwortete das Rennen ausdrücklich. 41 Eisenbahnlinien und 460 Hoteliers konnten sich auf Profite einrichten, und reisende Propagandisten stießen nur an einem Ort auf die Verheißung, »das ganze Land würde sich in Waffen gegen sie erheben«. Sogar Protestanten äußerten sich begeistert zum Wohle der Förderung Irlands im katholischen Süden.

Vorbehalte gab es noch genug, nur 21 Parlamentsabgeordnete und 62 Peers beantworteten den Brief positiv, dazu 100 Provinzwürdenträger. Doch der Club versprach Disqualifikation jedes Fahrers, »dessen Wagen in der Ebene 40 mph überschreiten kann« – 64 km/h. Auch sollten die Fahrer nicht ermutigt werden, innerhalb des Limits ihre Wagen voll auszufahren. Das zielte nicht zuletzt auf die Befürchtung der Behörden, sie müßten die Straßen für das Rennen verbessern.

Die Light Locomotives (Irland) Bill fand ihre Mehrheit im irischen Parlament und wurde am 27. März von König Eduard VII. unterzeichnet. Das Gesetz gab die Geschwindigkeit nur für den Tag des Rennens frei und bestimmte, der öffentlichen Hand dürften keine Kosten entstehen.

Der Beifall überwog nun jedes Widerstreben. Der irische Automobilclub bereitete ein zweiwöchiges Automobil-Festival für Touristen mit Tourenwagen vor, eine Irland-Rundfahrt mit sportlichen Wettbewerben, und auch das Gordon Bennett-Motorbootrennen, der Harmsworth International Cup, war ein irisches Ereignis zur gleichen Zeit.

Irland war bereit, das Gastgewerbe erhöhte die Preise, und das »Automobile Club Journal« sah sich zu einem Appell an die Gäste vom Kontinent genötigt: »Der Ausländer, der erstmals auf irischen Straßen fährt und sich den Linksverkehr eingeprägt hat, wird seit der Ankunft auf der Insel seinen Sinnen nicht trauen, denn er trifft 50 Prozent der Pferde- und Eselskarren auf der rechten Seite an. Das ist ein wirklich ernstes Problem, auf das er sich einstellen muß.«

Und weil die Aufhebung des Tempolimits nur für den Renntag galt, konnten die Fahrer eigentlich nicht trainieren. Doch es wurde ein großer Tag mit einem sensationellen Sieg.

Fahrerwahl

Automobile wurden auf Bestellung gebaut, und wenn es dem Besitzer beliebte, konnte er Rennen fahren. Für Rat und Tat des Fabrikanten mußte er bezahlen, soweit sein Engagement nicht als Beitrag zum Ruf des Hauses verrechnet wurde.

Oft waren die Käufer jedoch auch Verkäufer oder sie wurden es in ihren Kreisen. Emil Jellinek nahm sogar den Namen seiner Marke an; seit 1903 hieß er mit behördlicher Genehmigung Jellinek-Mercédès, bald ohne die Akzente. Die geschäftlichen Verbindungen prominenter Fahrer zu Fabrikaten waren weiter kein Problem, da der Sport die Spreu vom Weizen schied. Doch um den Gordon Bennett-Preis bewarben sich die Nationen in Gestalt der Clubs. Da gab es Querelen nicht nur in Frankreich, zumal wenn die Fahrer auch Club- und Sportfunktionäre waren.

In wenigen Jahren waren die Anforderungen mit den Fahrleistungen der Wagen gestiegen. Favoriten wurden praktisch zu Profis, sie bekamen Werkswagen oder Wagen von Freunden. Versuchsfahrer, die überragende Fähigkeiten bewiesen, konnten Fahrer werden; es blieb dem Club überlassen, die unstandesgemäßen Mitglieder zu akzeptieren.

Emil Jellinek, der bis zur Jahrhundertwende noch Rennen gefahren hatte, setzte als großer Daimler-Exporteur und -Sportmanager konsequent auf Werkswagen mit besten Fahrern ohne Rücksicht auf soziale Schranken. Angesichts der überlegenen Mercedes-Technik erübrigte sich ein Ausscheidungsrennen. Jellinek bestimmte sein Team, das den Deutschen Automobil-Club vertreten sollte: Camille Jenatzy, Otto Hieronymus und Wilhelm Werner. Gegen Jenatzy gab es nichts zu sagen, doch Hieronymus war angestellter Daimler-Ingenieur, Werner nur Monteur und Rennfahrer im Dienst des Werks, als Chauffeur dem millionenschweren Amerikaner Clarence Gray Dinsmore zur Verfügung gestellt worden. Der Club

Wilhelm Werner

wollte die beiden Arbeitnehmer nicht akzeptieren, obwohl Werner unbestritten der beste deutsche Rennfahrer war, unter anderem 1901 Sieger bei der Rennwoche von Nizza. Der wütende Jellinek mußte Ersatz suchen.

In den 12,7 Liter-Mercedes-Rennwagen steckte alle Erfahrung des Hauses, zusätzlich zur Niederspannung-Magnetzündung sorgte der neue Bosch-Hochspannungsmagnetzünder für zuverlässige Hochleistung. 90 PS bei 1200/min waren zu erwarten, wenngleich sich bei einem Motorbootsrennen in Nizza nicht mehr als 80 PS erwiesen und Jenatzy beim Rennen Paris – Madrid 1903 nur den 15. Platz erreichte. 1904 hat Baron de Caters mit dem 90-PS-Mercedes den absoluten Weltrekord gefahren: 156,521 km/h.

Auch die Franzosen ersparten sich ein Ausscheidungsrennen, einmal mehr. Zwei Panhard & Levassor mit de Knyff und Henri Farman und ein Mors mit Fournier bildeten die gemeldete Equipe. Fournier lag jedoch in Streit mit der Firma; er betrieb Geschäfte in den USA und unterstützte dort ein Konkurrenzfabrikat, Searchmont in Philadelphia. Er wurde durch Gabriel ersetzt, der das Rennen Paris – Madrid gewonnen hatte.

Der neue 13,7 Liter-Vierzylindermotor des Panhard & Levassor hatte seitlich stehende Ventile und leistete 80 PS bei 1200/min. Der Mors mit 11,5 Liter Hubraum produzierte 70 PS bei ungenannter Drehzahl. Die Ventile waren wechselgesteuert, Einlaßventile über den seitlich stehenden Auspuffventilen. Mercedes, 1901 Pionier der seitlich stehenden Ventile mit gesteuertem Einlaß, hatte die Wechselsteuerung 1902 beim Spitzenmodell 60 PS eingeführt.

Die Briten waren in diesem Punkt noch nicht auf der Höhe, sie blieben beim automatischen Schnüffel-Ansaugventil und veranstalteten eine Ausscheidung in England, früh an einem Montagmorgen auf öffentlicher Landstraße, dem Tempolimit zum Trotz. Die Polizei war nicht zur Stelle. Es ging recht abenteuerlich zu. Napier dominierte, Wolseley war wieder mit dem Boxermotor dabei, ein 11 Liter-Star aus Wolverhampton überraschte mit 70 PS bei 1500/min, das Gewichtslimit von 1000 Kilogramm machte Sorgen.

Ins irische Rennen kamen schließlich drei Napier. Edge entschied sich für den ganz neuen K 5 mit 13,7 Liter Hubraum; von 110 PS wurde gemunkelt, es waren aber wohl nur 80 PS bei 1200/min. Die beiden anderen Napier-Wagen waren unterlegen mit 7,7 Liter Hubraum und 45 PS, aber recht flott, für die irischen Straßen vielleicht besser geeignet.

C. S. Rolls hatte sich auf dem leichten Napier bei den Trials gut geschlagen, kam aber nicht ins Team: S. F. Edge mit J. W. Stocks und Charles Jarrott.

Mit 26 Jahren war Jarrott einer der jüngsten Fahrer; in der damaligen Szene extrem teurer Wagen kamen die meisten erst mit über 30 ans Steuer. Er hatte 1896 mit 19 Jahren auf Motordreirädern angefangen, machte sich einen Namen, stieg 1901 auf einen Panhard & Levassor um und wurde Neunter im Rennen

Charles Jarrott

Paris – Berlin. Als Zweiter beim Circuit du Nord und Erster beim Circuit des Ardennes 1902 mit 86,5 km/h war er ein britischer Hoffnungsträger, der Teamgefährte Stocks weniger bekannt.

Aus Europa kam sonst keine Antwort auf die Herausforderung zum Internationalen Preis, wohl aber aus Amerika: Winton wollte es erneut versuchen. Er meldete zwei Wagen, und Peerless in Cleveland, Ohio, den dritten.

Alexander Winton hatte einen Superwagen eigener Art entwikkelt. Zwei Vierzylindermotoren nebeneinander machten ihn zum ersten Achtzylinder, hubraumgewaltig mit 17 Liter Volumen und äußerlich unverkennbar: Die Zylinder lagen horizontal unter der flachen Haube. Mit 80 PS bei 1000/min konnte der Winton im Rennen einiges erwarten lassen, doch sein Hubraum sollte vor allem dazu dienen, das Schalten zu sparen. Das Getriebe hatte 2 Gänge, den ersten Gang baute Winton noch vor dem Rennen aus. Ein Rückwärtsgang war nicht vorhanden; das Reglement hatte diesen Punkt vergessen. Der zweite Winton mit liegendem 8,5 Liter-Vierzylindermotor und Zweiganggetriebe brachte 40 PS bei 800/min auf die Piste.

Winton ließ die Ansaugventile noch automatisch schnüffeln. Der Peerless war nach neuestem französischen Muster gebaut. Sein seitengesteuerter 11,1 Liter-Vierzylindermotor leistete 80 PS bei 1300/min. Wie Napier begnügte sich Peerless mit drei Gängen.

Alexander Winton fuhr seinen großen Wagen selbst, Percy Owen den Vierzylinder, Chefkonstrukteur Louis Mooers den Peerless. Nach einer als Farce verlaufenen Ausscheidung hatte der Automobile Club of America sie gewählt.

Überschattet war der Gordon Bennett-Preis 1903 von den schweren Unfällen beim Rennen Paris – Madrid fünf Wochen zuvor am 24. Mai; es wurde in Bordeaux auf Intervention der Regierung abgebrochen, Spanien verweigerte die Einreise. Wenn sich ein solches Desaster in Irland wiederholte, drohte Rennverbot in ganz Europa.

Eine Katastrophe anderer Art traf die Firma Daimler: Das Werk in Cannstatt brannte nieder, drei Wochen vor dem Rennen; die Wagen für den Gordon Bennett-Preis wurden vernichtet. Um dennoch dabei zu sein, konnte man auf den 9,3-Liter-Typ 60 PS zurückgreifen, doch alle Wagen waren in privater Hand, nur einer in Deutschland. Der Amerikaner Dinsmore stellte seinen schnellen 60-PS-Tourer für Jenatzy zur Verfügung, zwei weitere fanden sich; sie wurden in aller Eile für das 1000 kg-Gewichtslimit gestrippt. Einen fuhr de Caters, den anderen der Amerikaner Foxhall-Keene, laut

Louis Mooers

Expertenurteil einer der wenigen Amateure, »die die Nerven dazu haben, einen 60-HP-Wagen auszufahren«.

So fuhren nur Ausländer das deutsche Fabrikat. Mit 65 PS bei 1050/min waren die handlichen Wagen auf den irischen Straßen nicht zu unterschätzen.

1903: Das vierte Rennen

Je kleiner die Rundstrecke, desto besser ließen sich Organisation und Sicherheit beherrschen, doch der Charakter des Langstreckenrennens mußte gewahrt bleiben. Das brachte die Veranstalter auf den guten Gedanken, zwei Rundkurse aneinander zu legen; die doppelt befahrene Mittelpartie verkürzte die benutzte Strecke. Die Rundkurse waren abwechselnd zu befahren; der östliche mit 64 Kilometern dreimal, der westliche mit 83 Kilometern viermal, Gesamtdistanz 527,059 Kilometer, Start und Ziel in Ballyshannon an der Mittelstrecke.

Die Karte macht die Anlage des Rennens deutlich. Die anfangs geplante Ausdehnung nach Naas im Norden und Abbeyleix im Süden ist eingezeichnet, Maryborough umging der westliche Kurs mit einem extra gebauten Straßenstück.

Die Bergsteigefähigkeit der Wagen wurde nicht besonders beansprucht, doch es gab viele heikle Kurven. Das Wetter war kühl und wolkig, um 12.45 Uhr begann ein schwerer Regen, er endete gegen 14 Uhr.

Kontrollpunkte mit neutralisierten Zonen, in denen die Wagen von Radlern geleitet wurden, befanden sich an der Mittelstrecke in Athy, am Ostkurs in Castledermot und Carlow, am Westkurs in Kilcullen, Kildare, Monasterevan und Stradbally.

Athy war die Hauptkontrolle und gab dem Rennen den Namen. Da die Startintervalle von zwei Minuten als Hauptursache des französischen Desasters galten, wurde nur alle 7 Minuten ein Start freigegeben, auch jeweils an den Kontrollpunkten, um den mörderischen Überholkämpfen vorzubeugen. Daraus ergaben sich Wartezeiten von zirka einer Viertelstunde.

Die Kontrollen waren perfekt besetzt mit einem Chef und drei Ordnern, drei Zeitnehmern mit zwölf Uhren (einer je Wagen), zwei Protokollführern, einem Starter und sogar einem Pressesprecher, dazu den Radlern. Die Organisation der Streckenposten mit Fahnen entsprach dem bewährten System. 7000 Polizisten aus ganz Irland postierten sich am Kurs. Sie wurden dem Veranstalter in Rechnung gestellt, er mußte auch die Straßenarbeiten bezahlen: Verbreitern, einebnen, ausbessern. Hekken mußten beschnitten werden zwecks Sicht in den Kurven, Schranken und Zäune sperrten Abzweigungen.

Gegen Staub wurde ein Bindemittel eingesetzt, Westrumit; der deutsche Erfinder hieß Westrum von Schade. Es war eine Mixtur von 5 Prozent Petroleum und Ammoniak in Wasser. Die Kutscher der einachsigen Sprengwagen wurden mit Whiskey zur Nachtarbeit vor dem Rennen motiviert, einfach ausgekippte Fässer zeugten davon. Außerhalb bevölkerter Zonen durfte der Staub wallen. Daß Westrumit bei dem Regenguß eine tückische Glätte erzeugte, war eine unerfreuliche Überraschung, und der Geruch war unangenehm.

Zur Finanzierung dieser Straßenarbeiten trug ein Spendenaufruf des Motorblatts »The Car

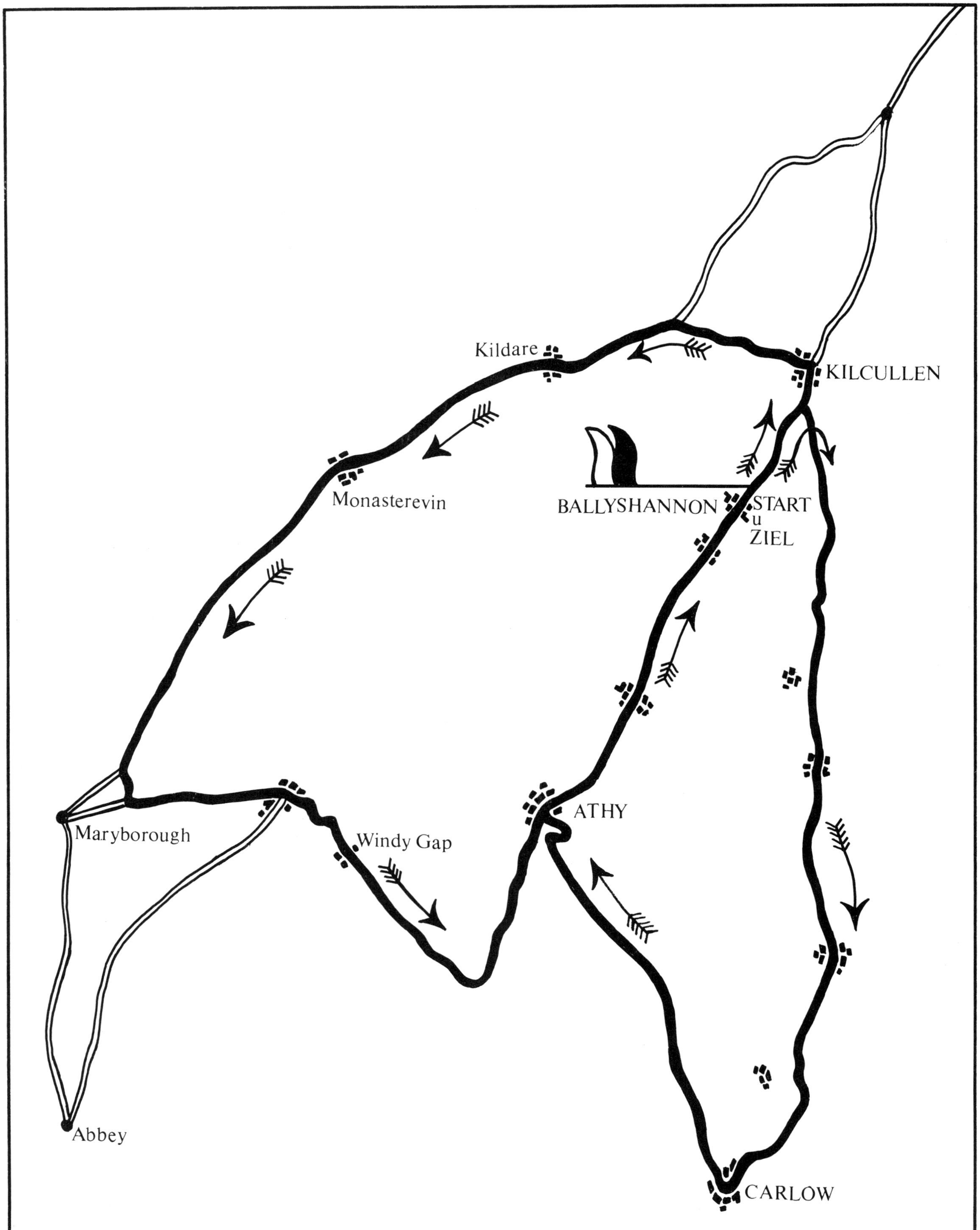
Kildare
KILCULLEN
Monasterevin
BALLYSHANNON
START
u
ZIEL
Maryborough
Windy Gap
ATHY
Abbey
CARLOW

Illustrated« bei. Jedes Fachblatt tat das Seine; nach der Feuersbrunst bei Daimler hatte »The Autocar« die britischen Mercedes-Besitzer aufgerufen, den Deutschen ihre Wagen anzubieten.

Cooks Reisebüro verkaufte die Karten für eine Riesentribüne quer über der Strecke am Startpunkt Kilrush, für 35 Telegraphisten wurden 16 Kilometer Kabel verlegt. Für Wetterschutz und Erfrischungen war gesorgt, Radlermassen verteilten sich an der Strecke, Sonderzüge liefen. Und das Benzin, in Irland Mangelware, wurde beängstigend knapp.

Die Quartiere der Teams waren umlagert, die Franzosen sorgten für besonderes Aufsehen: Ihr gecharterter 3500 Tonnen-Dampfer »Ferdinand de Lesseps« lag als Werkstatt mit 100 Mechanikern im Hafen von Dublin, er hatte 22 Wagen als Einsatzreserve und für Funktionäre an Bord. Es ging um Frankreichs führenden Rang in der Automobilwelt mit entsprechendem Geschäftsvolumen.

Am Start erschienen die europäischen Wagen erstmals in Rennfarben der Nationen. Bis dahin gab es keine Regel. Rot war beliebt, auch Edge nahm es für den ersten Napier 1902. Girardot hatte für das Rennen Paris – Bordeaux 1898 die Farben der Trikolore gewählt. Jellineks Daimler-Phönix von 1899 war weiß, ebenso der erste Mercédès von 1901 wie auch Konkurrenten in der südfranzösischen Szene. Grün bevorzugte Napier seit 1902 für die Tourer und präsentierte die Rennwagen jetzt in Smaragdgrün zu Ehren der Grünen Insel. Blau kennzeichnete die französischen Wagen, weiß war jetzt die offizielle deutsche Farbe. Ein Reporter unterwegs hat einen Wagen als »schmales, schwarzes, niedriges Ding« beschrieben; es war wohl blau, vielleicht der Mors mit der Stromlinienhaube. Die amerikanischen Wagen wurden rot-grün dekoriert, »wie eine Nähmaschine«.

Bei der Abnahme mußten Panhard Levassor und vor allem der Peerless noch abgespeckt werden, um das Gewichtslimit zu halten. An den Reifen der Mercedes-Wagen wurde entdeckt, daß sie nicht aus der deutschen Michelin-Fabrik stammten, sondern aus Belgien; zum Glück waren erzdeutsche Continental-Pneus zur Stelle.

Pünktlich um 6.10 morgens am 2. Juli 1903 standen 11 Wagen am Start; Wintons Achtzylinder war nicht recht in Ordnung und kam fast zu spät. Das Napier-Team hatte im Privatquartier das einzige moderne Badezimmer der Gegend genossen, und alle mußten warten, denn zunächst fuhren drei Kontrollwagen die Strecke ab, einer von ihnen den kleineren Kurs, wo sich sein Fahrer verirrte und mit einer Panne liegenblieb. Auf dem Star aus Wolverhampton hatte sich der Gentleman, Sohn Joseph des Erbauers Edward Lisle und Teilnehmer am Ausscheidungsrennen, als Westrumit-Aufseher zu stark gestärkt und steuerte Schlangenlinien.

Sein Ausbleiben durfte das Rennen nicht verzögern. Um 6.59 Uhr feuerte Colonel Lindsay Lloyd den Startschuß für den Spitzenreiter: S. F. Edge auf Napier, wie gewohnt mit Vetter Cecil als Mechaniker. Mit großen Abständen ging es weiter: Alle 7 Minuten wurde ein Fahrer auf die Strecke geschickt: de Knyff (Panhard & Levassor) –Owen (Winton) – Jenatzy (Mercedes) – Jarrott (Napier) – Gabriel (Mors) – Mooers (Peerless) – de Caters (Mercedes) –Stocks (Napier) – Farman (Panhard & Levassor) – Winton (Winton) – Foxhall-Keene (Mercedes). Nicht jeder kam gut ab.

Mooers vergaß, die Handbremse zu lösen und schaltete »wie ein Anfänger«. Farman und Foxhall-Keene würgten ihre Wagen ab, auch Stocks startete schlecht. Wintons Achtzylinder blieb mit defekter Benzinzufuhr stehen und kam erst nach dreiviertelstündiger Reparatur in Gang. Jenatzy zog furios ab, Jarrott präzis, de Caters »wie eine Rakete«.

Über 70 Minuten zwischen Spitzenreiter Edge und Foxhall-Keene, Winton schon am Start

Foxhall-Keene

von 5 Fahrern überrundet, doch Spannung genug für Zuschauer und Zeitkontrolle: Abstände verringerten sich, Stocks durchbrach bei Castledermot einen Drahtzaun, Stocks und sein Mechaniker Arthur Macdonald, später Gordon Bennett-Fahrer, flogen vor den Wagen. Für sie ging es gut ab, ihr Napier blieb liegen. De Knyff ritt an der gleichen Stelle aus, kam aber wieder auf die Straße und verlor nur Zeit.

Edge erschien umjubelt als Erster an der Zeitkontrolle der ersten Runde, doch Foxhall-Keene war auf dem Mercedes schneller als der Napier-Favorit. Mooers, sein Peerless und seine Reifen waren dem Rennen nicht recht gewachsen. Sogar der abgeschlagene Winton fuhr eine bessere Zeit.

Chevalier Pierre de Caters

Plazierung nach der ersten Runde (Ostkurs), alle 11 Wagen im Rennen: 1. Foxhall-Keene (Mercedes) – 2. Edge (Napier) – 3. Farman (Panhard & Levassor) – 4. Jarrott (Napier) – 5. Jenatzy (Mercedes) – 6. de Knyff (Panhard & Levassor) – 7. de Caters (Mercedes) – 8. Gabriel (Mors) – 9. Owen (Winton) – 10. Winton (Winton) – 11. Mooers (Peerless).

In der zweiten Runde ging es bei Kilcullen links herum auf den längeren Westkurs. Auf der schnellen Strecke hinter Stradbally zog Jarrott an Jenatzy heran, da brach bei fast 100 km/h seine Lenkung. Rechtwinklig raste der Napier eine Böschung hinauf, knapp vorbei an einem Telegrafenmast, wurde von einer Hecke zurückgeschleudert und überschlug sich. Jarrott flog hinaus und erlitt einen Schlüsselbeinbruch, sein Mechaniker Cecil Bianchi war angegurtet und lag unter dem Wagen mit dem heißen Auspuffrohr auf der Brust. Feuer drohte, Jarrott stemmte irgendwie den Wagen hoch, Zuschauer befreiten Bianchi, der in Ohnmacht fiel und für tot gehalten wurde; er wurde zugedeckt. Er war jedoch wie Jarrot nicht schwer verletzt.

De Caters bot ihnen Hilfe an und stoppte ungeachtet seines Zeitverlusts dann nochmals am Startplatz Kilrush, um dort das Glück im Unglück mitzuteilen. Schon hatte sich die Trauerbotschaft verbreitet, es habe zwei Tote gegeben. Unter gewaltigem Beifall der Menge ging de Caters nach dem freiwilligen Stop wieder ins Rennen.

Winton fiel mit seinen technischen Problemen weiter zurück, der Kühler des Napier von Edge kochte immer wieder. Der Mercedes von Foxhall-Keene zeigte Schwächen, die kettengetriebene Hinterachse verformte sich, ebenso bei de Caters. Mooers verlor ein Hinterrad und schied aus.

Gabriel war schnellster Fahrer der Runde mit 83,045 km/h, aber Jenatzy mit der Bestzeit beider Runden an der Spitze; es ergab 80,442 km/h.

Plazierung nach der zweiten Runde (Westkurs), 9 Wagen im Rennen: 1. Jenatzy (Mercedes) –

Fernand Gabriel

2. de Knyff (Panhard & Levassor) – 3. Edge (Napier) – 4. Gabriel (Mors) – 5. Farman (Panhard & Levassor) – 6. de Caters (Mercedes) – 7. Foxhall-Keene (Mercedes) – 8. Owen (Winton) – 9. Winton (Winton).

In der dritten Runde (rechts herum) jagten sich Jenatzy und de Knyff dramatisch, Edge sah mit dampfendem Kühler seine Chancen schwinden. Farman war Schnellster mit 77,897 km/h, aber Jenatzy hatte über die drei Runden 79,570 km/h erreicht und lag um je 3 Minuten vor de Knyff und Farman.

Plazierung nach der dritten Runde (Ostkurs), 9 Wagen im Rennen: 1. Jenatzy (Mercedes) – 2. de Knyff (Panhard & Levassor) – 3. Farman (Panhard & Levassor) – 4. de Caters (Mercedes) – 5. Gabriel (Mors) – 6. Foxhall-Keene (Mercedes) – 7. Edge (Napier) – 8. Winton (Winton) 9. Owen (Winton). Reifenpannen hatten Edge zurückgeworfen, die Amerikaner hingen nach. In der vierten Runde (links herum) fiel Foxhall-Keene mit Hinterachsbruch aus. Jenatzy zog auf zehn Minuten Vorsprung vor de Knyff, dem Farman mit zwei Minuten im Nacken saß. Der Regen machte die Westrumit-Strecken glitschig, Jenatzy gewann mit 79,960 km/h.

Plazierung nach der vierten Runde (Westkurs), 8 Wagen im Rennen: 1. Jenatzy (Mercedes) – 2. de Knyff (Planhard & Levassor) – 3. Farman (Planhard & Levassor) – 4. de Caters (Mercedes) – 5. Gabriel (Mors) – 6. Edge (Napier) – 7. Winton (Winton) – 8. Owen (Winton).

In der fünften Runde (rechts herum) quälte sich Edge mit seinem Kühler und Reifenpannen, er mußte den Wagen sogar einmal zu einem Kontrollpunkt zurückschieben. Winton fiel aus.

Farman gewann die Runde mit 76,458 km/h, doch Jenatzy lag mit 78,517 km/h Gesamtdurchschnitt acht Minuten vor de Knyff und Farman, die nur Sekunden trennten.

Plazierung nach der fünften Runde (Ostkurs), 7 Wagen im Rennen: 1. Jenatzy (Mercedes) – 2. de Knyff (Panhard & Levassor) – 3. Farman (Panhard & Levassor) 4. de Caters (Mercedes) – 5. Gabriel (Mors) – 6. Edge (Napier) – 7. Owen (Winton)

Die sechste Runde gewann Jenatzy mit 81,404 km/h, sein Gesamtdurchschnitt stieg auf 79,054 km/h, sein Vorsprung auf fast zehn Minuten, nun vor Farman mit de Knyff um 34 Sekunden hinter sich. Owen gab auf.

Plazierung nach der sechsten Runde (Westkurs), 6 Wagen um Rennen: 1. Jenatzy (Mercedes) – 2. Farman (Panhard & Levassor) – 3. de Knyff (Panhard & Levassor) – 4. de Caters (Mercedes) – 5. Gabriel (Mors) – 6. Edge (Napier).

Die siebte Runde lief nochmals über den langen Kurs. Jenatzy fuhr unschlagbar zum Gordon Bennett-Sieg. Er gewann die Endrunde mit 80,402 km/h und das Rennen mit 79,257 km/h. Er hatte die 527,059 Kilometer in 6 Stunden und 39 Sekunden bewältigt. Auf der schnellsten Geraden soll er 135 km/h erreicht haben, über 120 km/h waren es gewiß. Ihm folgten die drei französischen Wagen.

Plazierung nach der siebten Runde, 4 Wagen im Ziel: 1. Jenatzy (Mercedes) – 2. de Knyff (Panhard & Levassor) – 3. Farman (Panhard & Levassor) – 4. Gabriel (Mors).

De Knyff mit 76,91 km/h Durchschnitt lag um 11 Minuten und 40 Sekunden hinter Jenatzy, Farman mit 76,749 km/h nur 64

Sekunden hinter de Knyff, Gabriel mit 72,887 km/h um 19 Minuten und 49 Sekunden hinter Farman.

De Caters blieb mit Hinterachsbruch auf der Strecke, nur 20 Kilometer vor dem Ziel. Edge kam an, mehr als zwei Stunden hinter Gabriel mit nur 56,636 km/h; er hatte fremde Hilfe in Anspruch genommen und wurde disqualifiziert.

Die Franzosen erhielten einen Preis, die Montagu Tophy, gestiftet von Scott-Montagu für das schnellste komplette Team. Doch erneut hatte Frankreich den Gordon Bennett-Preis verloren.

Britisches Ausscheidungesrennen

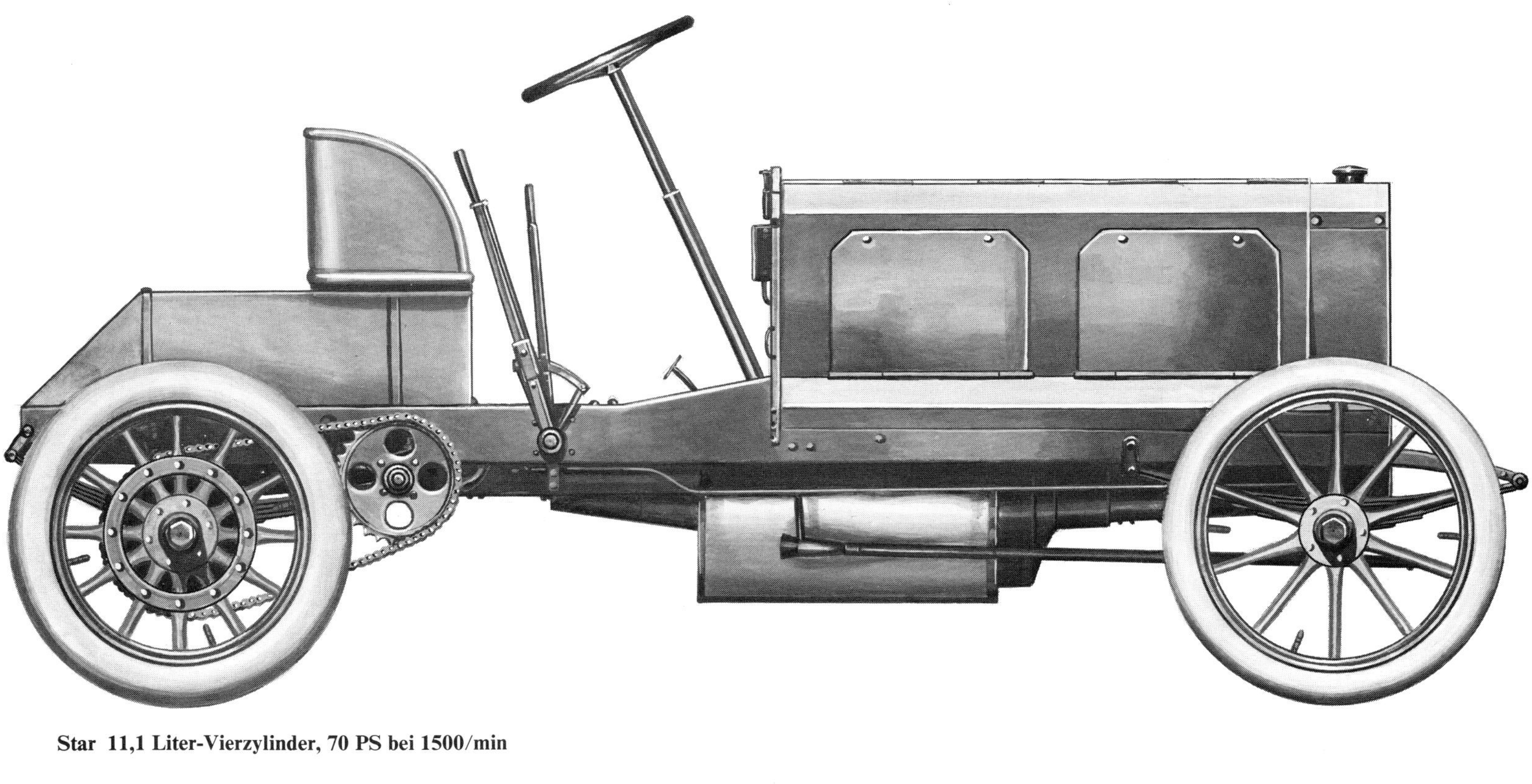

Star 11,1 Liter-Vierzylinder, 70 PS bei 1500/min

Mercedes: Das geringe Gewicht der einfachen Hinterachse war Vorteil der Kraftübertragung durch Kette, doch nur beim Siegerwagen von Jenatzy hielt die zu zart dimensionierte Achse das Rennen durch

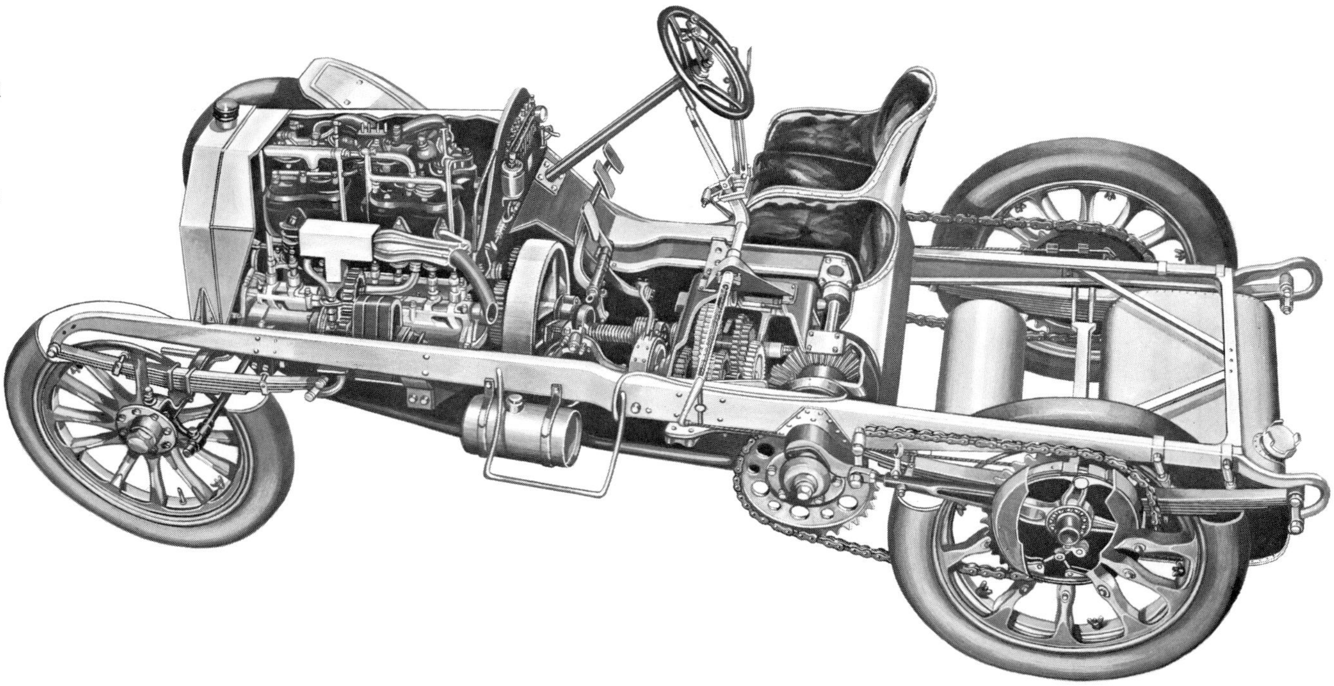

Mercedes 9,3 Liter-Vierzylinder, 65 PS

Napier 7,8 Liter-Vierzylinder, 45 PS bei 1200/min

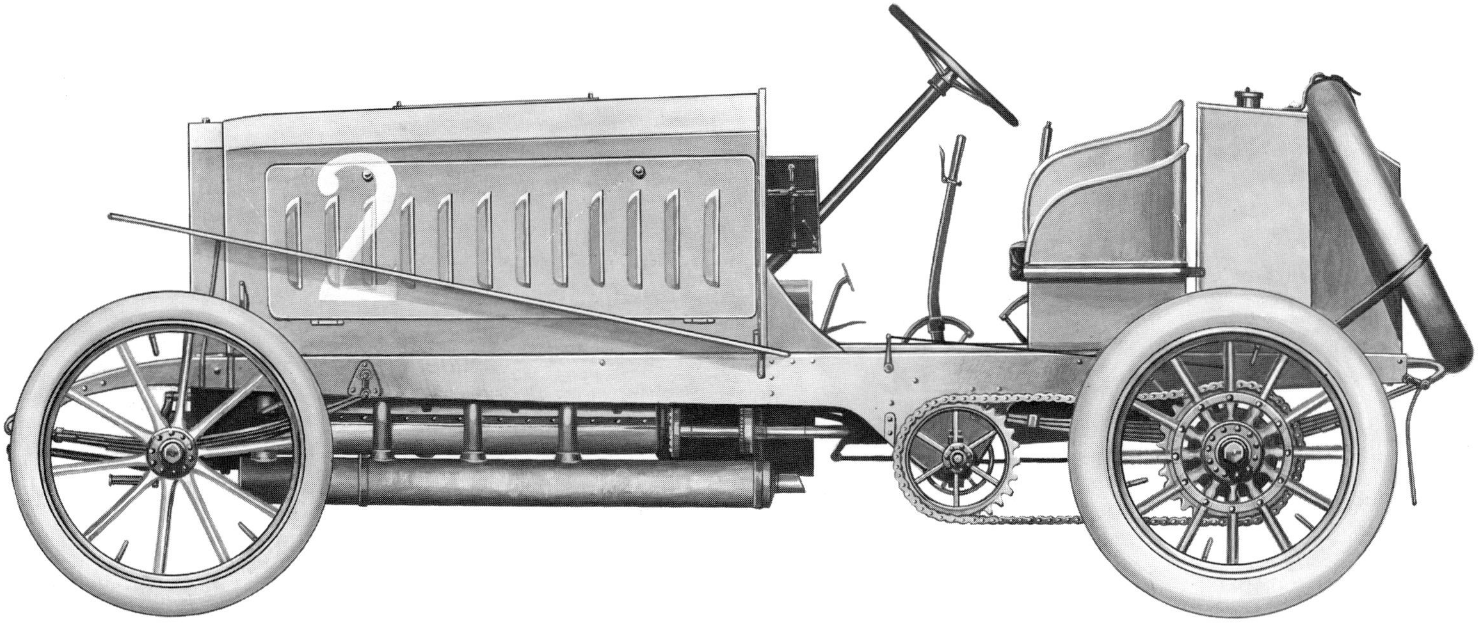

Panhard & Levassor 13,7 Liter-Vierzylinder, 80 PS bei 1200/min

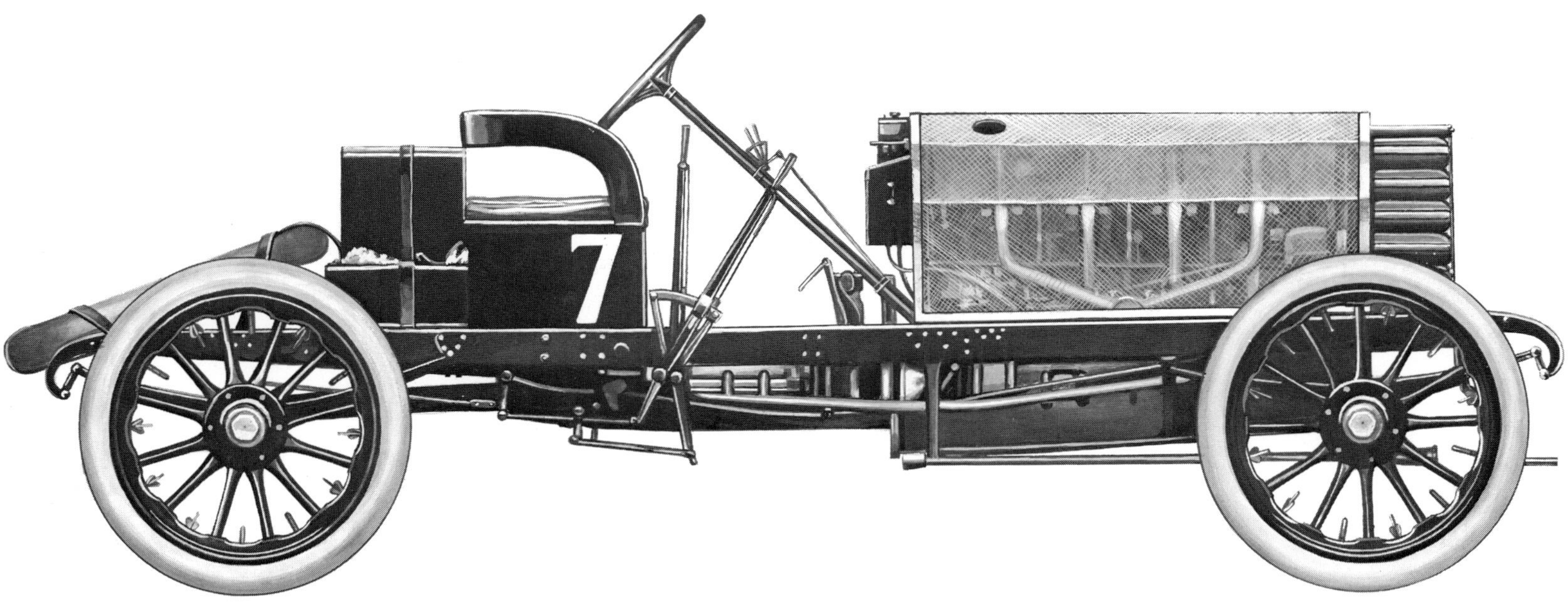

Peerless 11,1 Liter-Vierzylinder, 80 PS bei 1300/min

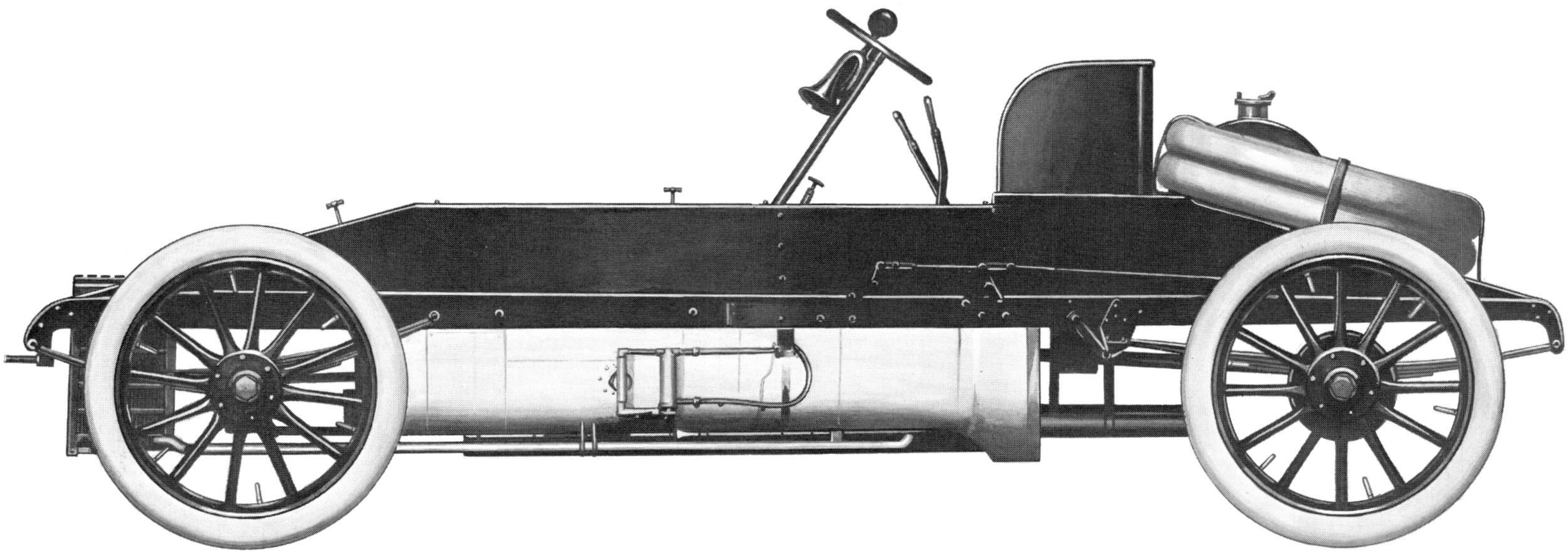

Winton 17 Liter-Achtzylinder, 80 PS bei 1000/min

Startplatz in Ballyshannon, vorn Edge auf dem 13 Liter-Napier

Jenatzy beim Stop an einem der Kontrollpunkte

De Caters an der Tribüne bei Kilrush, bei jeder Runde winkte er seiner Frau zu

Zweimal Napier ohne Glück: Schon vor Jarrott (links) verunglückte Stocks

Panhard & Levassor: Links Farman, rechts de Knyff, in der Mitte ein Ersatzwagen

4

Sieger Jenatzy auf dem Mercedes, der eigentlich kein Rennwagen war

Polemik 1903: Todesrennen (von Linley Sambourne in »Punch«)

Echo und Konsequenzen

Das Schatzamt und ein Fond bezahlten das Polizeiaufgebot, Iren kauften Automobile, bei Daimler füllten sich die Auftragsbücher. Das Gemunkel, der Mercedes habe mehr Hubraum als angegeben, hat später Major W. P. Lousada widerlegt: Der Wagen, den er nach dem Rennen kaufte, sei vollkommen serienmäßig gewesen.

Verlierer pflegten Dolchstoßlegenden. Winton führte seinen Mißerfolg auf das irische Benzin zurück, und Mooers klagte, die amerikanischen Reifen seien nicht für Rennen bestimmt. Edge führte seinen Streit mit dem britischen Dunlop-Chef Harvey du Cros temperamentvoll weiter; siebenmal hatten ihn Reifendefekte gestoppt. Ernster zu nehmen waren Dispute um den Sinn von Hochleistungswagen. Das richtete sich auch gegen den sehr teuren Mercedes mit seinen extrem hohen Betriebskosten vor allem durch den Verschleiß der Reifen, allgemein der höchste Betriebskostenfaktor damaliger Automobile.

Legendär machte der Sieg den Rotbart Jenatzy, den »Roten Teufel«. Die Franzosen fuhren mit professioneller Präzision, erzielten gleichmäßige Rundenzeiten. Jenatzy demonstrierte rücksichtlosen Siegeswillen, er startete spektakulär mit durchgehenden Rädern, stieg an den Kontrollstationen fast nie vom Wagen ab, sein Mechaniker duckte sich hinter der Spritzwand. Charles Jarrott hat Jenatzy in Aktion beschrieben: »Die Straße wies eine Kurve nach der anderen auf, doch Jenatzy fuhr absolut Vollgas. Er schleuderte halsbrecherisch um die Ecken und verfehlte einige Begrenzungsmauern nur um Haaresbreite, denn es waren überall deutliche Schleifspuren zu erkennen. Ich konnte mir nicht vorstellen, daß er mit dieser Fahrweise sehr weit kommen würde.«

Auch Pierre de Caters, der belgische Baron, war ein Profi solchen Zuschnitts, aufgestiegen in südfranzösischen Bergrennen, fuhr Motorbootrennen und 1902 seinen ersten Weltrekord mit 120,806 km/h auf dem 60 PS-Motor, 1904 den Weltrekord auf Mercedes, wurde später Flieger; er war einer der Charakterdarsteller, die das Publikum liebte.

Man analysierte die Fahrweise der Favoriten, erlebte Beweise von Können und Schwächen mit, beobachtete die Nervenstärke an den Kontrollstationen, wenn zur Vermeidung gefährlicher Überrundungen der Start nicht freigegeben wurde. Edge mußte nach der ersten Runde 21 Minuten warten. Mancher stärkte sich mit mehr als einem guten Schluck, de Caters war Kettenraucher; für seine sportliche Fairness beim Unfall von Jarrott erhielt er nach einem Aufruf der Zeitschrift »The Car Illustrated« ein silbernes Zigarettenetui.

Für die französische Industrie, damals absolut führend, war der Ausgang des irischen Rennens höchst ärgerlich. Sie baute 12 000 Automobile im Jahr, beschäftigte 180 000 Menschen. Die blauen Wagen hatten als Team triumphiert, die Briten abgeschlagen, doch in aller Munde war der Mercedes; zum zweiten Mal ließ sich die Trophäe nicht in Paris bewundern.

Das nächste Rennen zu veranstalten, fiel den Deutschen zu. Es übertraf jede Erwartung, aus sechs europäischen Ländern und den USA trafen Nennungen beim Gastgeber ein.

Rennen vor dem Rennen

Nach den Pionierleistungen von Karl Benz und Gottlieb Daimler war die Kraftfahrt in Deutschland mehr schlecht als recht vorangekommen, vor allem gegenüber Frankreich mit seinen weit besseren Straßen und fortschrittsfreudigen Gesellschaftskreisen. Bei Benz überwog bis zur Jahrhundertwende der Export die heimische Nachfrage, die Daimler-Motoren wurden in französischen Wagen berühmt, und erst Jellinek machte die Firma zur schöpferischen Automobilfabrik.

Auch politisch lag dem Auto in Deutschland manches im Wege. Das Kaiserreich bestand aus vier Königreichen, sechs Großherzogtümern, fünf Herzogtümern, drei freien Hansestädten und dem Reichsland Elsaß-Lothringen, Beute des Kriegs gegen Frankreich 1870/71. Aus den Machtvollkommenheiten der Landesherrn und Behörden ergaben sich vielfältige Behinderungen der ordnungsstörenden Spielzeuge reicher Leute. Den Automobilisten fehlte die gesellschaftliche Anerkennung, im starren wilhelminischen Wertesystem war sie noch wichtiger als in anderen Ländern.

Für Motorsport in großem Rahmen standen die Chancen schlecht, als das Rennen Paris – Berlin 1901 die erste Bresche schlug. Es war als touristischer Wettbewerb deklariert, für die behördliche Genehmigung eines Hochgeschwindigkeitsrennens gab es keinen Präzedenzfall.

Wilhelm II., Deutscher Kaiser und König von Preußen, hatte tonangebend das Automobil abgewiesen: »Solange ich noch warme Pferde habe, setze ich mich nicht in einen solchen Stinkkarren.«

Nach dem Mercedes-Erfolg im Gordon Bennett-Rennen 1903 sah er das Automobil mit anderen Augen. Sein Bruder, der Admiral Prinz Heinrich von Preußen, hatte schon 1902 einen Kraftwagen erworben; um sein Leben möglichst zu bewahren, mußte es vorerst ein amerikanisches Dampfmobil sein, doch er fuhr schon Benzin-Autos seiner Freunde, als Sportsmann selbst am Steuer.

Im März 1903 fand das Automobil endlich die allerhöchste Anerkennung. Prinz Heinrich war Schirmherr der Deutschen Automobil-Ausstellung in Berlin und führte mit dem blumengeschmückten Wagen des Fürsten Christian Kraft zu Hohenlohe-Öhringen, Präsidiumsmitglied des Deutschen Automobil-Clubs, die Huldigungsfahrt der Automobilisten vor dem Kaiser an. 300 festlich dekorierte Wagen paradierten, 241 stammten aus deutscher Fabrikation. Der Kaiser besuchte die Ausstellung und wurde begeisterter Automobilist, flott im Fond mit tatü-tata; »für unser Geld« hörte das Volk aus der Tonfolge heraus.

Die monatelange Bauzeit nach der Bestellung mußte Seine Majestät nicht abwarten. Clarence Gray Dinsmore, der den Siegerwagen in Irland gestiftet hatte, lud ihn zur Probefahrt im neuen Mercedes ein und überließ ihm den Wagen mitsamt Chauffeur Wilhelm Werner, dem Rennfahrer, der zum Kaiserlichen Oberwagenführer avancierte.

Der betriebsame Monarch machte das deutsche Gordon Bennett-Rennen zu seiner ureigenen Sache. Der politische Horizont in Europa war gewittrig, es ging um das Prestige der Nation und des Made in Germany. Mustergültige Organisation und festliche Repräsentation sollten Zeichen setzen.

Ein Rundkurs, gut abzusichern in nicht allzu besiedelter Gegend, mußte gefunden werden; tunlichst auf preußischem Boden, wo der Kaiser als König auch Landesherr war und Kleinlichkeiten mit einem Wort beseitigen konnte. Das Manövergebiet in der Region Berlin-Schwerin wurde erwogen, die Insel Usedom in Pommern, die Gegend von Bielefeld in Westfalen, doch die Entscheidung fiel auf Wunsch Seiner Majestät für den Taunus bei Homburg in der preußischen Provinz Hessen-Nassau. Dort hielt er sich gern auf, in der Nähe hatte er als begeisterter Hobby-Archäologe ein römisches Kastell rekonstruieren lassen, Saalburg genannt. Er sah in dem Bauwerk mit Tortürmen und Zinnen ein Sinnbild imperialer Macht; die Tribüne am Start- und Zielplatz davor wurde auf seinen Befehl im Stil eines römischen Zirkus errichtet.

Der Kurs über Berg und Tal mit zahllosen Kurven versprach ein härteres Rennen für Fahrer und Wagen als in Irland. Der benachbarte Großherzog Ernst Ludwig von Hessen-Darmstadt, 36, war Autoliebhaber und fuhr selbst, als die anderen deutschen Fürsten noch nicht den Fond bestiegen. Er regierte seit 1892 und hatte schon Adam Opel, der 1895 starb, zum Bau von Motorwagen bewegen wollen, doch der größte Fahrradfabrikant seines Landes hielt die Vehikel für Spielzeuge reicher Leute. Erst 1902 brachten die Opel-Söhne nach einem Fehlstart den Automobilbau mit französischer Darracq-Lizenz in Gang, vorwiegend leichte Wagen, doch jetzt bewarben sie sich mit großherzoglicher Förderung mit einem 11,3 Liter-Rennwagen um die Nennung zum Gordon Bennett-Preis. Das Baumuster, wenn nicht der Wagen, stammte aus Frankreich. Die Fertigung in Rüsselsheim ließ sich ausreichend nachweisen. 100 PS bei 1200/min versprach der Vierzylindermotor mit hängenden über stehenden Ventilen, mehr als der 12-Liter-Mercedes mit gleichem Motorprinzip, der 98 PS bei 1150/min leistete.

Allgemein war die Zahl der Fabrikate gewachsen. Dürkopp in Bielefeld und Protos in Berlin wollten Wagen für das deutsche Ausscheidungsrennen melden, das in der Gegend von Lüneburg stattfinden sollte. Benz holte mit den Parsifal-Typen des französischen Konstrukteurs und Rennfahrers Marius Barbarou den Rückstand gegen Mercedes auf und wollte Madame du Gast nominieren; sie war eine Rennfahrerin von erwiesenem Format, doch die Teilnahme einer Frau wurde a priori nicht zugelassen.

Dürkopp und Protos ließen nichts mehr von sich hören, das deutsche Ausscheidungsrennen fand nicht statt. Fritz Opel, schon als Radrennfahrer bekannt, trainierte in spektakulären Wettfahrten gegen die Eisenbahn auf der Strecke Mainz – Rüsselsheim – Kelsterbach. Der Deutsche Automobil-Club wählte ihn für das Gordon Bennett-Rennen neben Jenatzy und dem Werksfahrer Braun auf Mercedes; Braun hatte schon im Vorjahr den gekränkten Hieronymus ersetzen sollen. Jetzt ging es nicht um Standesunterschiede, sondern um den Sieg.

Die Franzosen nahmen es längst nicht so genau, Fournier

Fritz Opel

Hermann Braun

und Gabriel waren Mechaniker. Für das Rennen im Taunus hatten sie andere Sorgen. Eine Vielzahl von Fabrikaten bewarb sich, sie mußten ein großes Ausscheidungsrennen mit Gordon Bennett-Distanz veranstalten, aber Rennen waren seit Paris – Madrid in Frankreich verboten.

Mit der Begründung, die Erlaubnis sei nicht zu erlangen, wollte die Sportkommission des Automobilclubs nur auf Panhard & Levassor und Mors setzen. Nach einem Entrüstungssturm sollte eine Ausscheidung nur um die dritte Marke im Team laufen, dann wurde die Chancengleichheit erzwungen. Sporterfolge waren unabdingbar im Konkurrenzkampf, untereinander wie international.

Der Marquis de Dion, Präsident des Automobil-Dachverbands (Chambre Syndicale de l'Automobile), plädierte für eine Argonnen-Rundstrecke, ähnlich dem nahen belgischen Ardennenkurs. Politiker ließen sich überzeugen, der Innenminister stimmte zu.

Eine 84 Kilometer-Rundstrecke mit 534 Kilometern Gesamtdistanz, geographisch dem Taunus-Kurs sehr ähnlich, wurde festgelegt: Vouziers – Le Chesne – Neuvisy – Rethel – Mazagran waren die Hauptstationen des Circuit des Ardennes Francaises, auch Circuit de l'Argonne genannt.

Gemeldet waren die Fabrikate Clément-Bayard, Darracq, De Dietrich (in Frankreich und im Elsaß ansässig), Gobron-Brillié, Hotchkiss, Mors, Panhard & Levassor, Richard-Brasier, Serpollet und Turcat-Méry, jeweils mit drei Wagen, Turcat-Méry mit zweien.

Die Serpollet-Dampfwagen, vom Gordon Bennett-Reglement nicht ausgeschlossen, waren nicht zu unterschätzen; noch 1902 hatte ein Serpollet den Automobilweltrekord mit 120,805 km/h errungen. Sie kamen auch mit dem 1000-kg-Limit zurecht, an dem Turcat-Méry beinahe scheiterte; bei Gobron-Brillié mußte die Motorhaube und sogar ihre Halterung demontiert werden. Äußerlich waren die Serpollet-Dampfer wie normale Automobile gebaut. Direktverdampfung ersparte den herkömmlichen Kessel, die sechs einfachwirkenden Zylinder erforderten kein Getriebe.

Alle Benzinmotorwagen hatten vier Zylinder, Richard-Brasier den kleinsten Motor mit 9,9 Liter Hubraum und 80 PS bei 1300/min, Hotchkiss den größsten und stärksten mit 17,8 Liter und 108 PS bei 1250/min.

Trotz der schwierigen Strecke war das Rennen sehr schnell. Léon Théry fuhr seinen Richard-Brasier zum Sieg mit 99,82 km/h Durchschnitt, gefolgt von Marcel Salleron auf Mors mit 94,024 km/h und Henri Rougier auf Turcat-Méry mit 97,736 km/h. Sie bildeten das Team für den Gordon Bennett-Preis.

Auch die weiteren Plazierungen zeigten, wie sich die Szene verändert hatte: Gabriel auf De Dietrich, Le Blon auf Serpollet, Caillois auf Richard-Brasier, Teste und Farman auf Panhard & Levassor, Pelzer auf Serpollet, Clément auf Bayard-Clément.

Verlierer des Tages war Panhard & Levassor; enttäuscht auch das Fabrikat Gobron-Brillié mit dem schnellsten Wagen der Welt. Dreimal hatte Gobron-Brillié seit 1903 den Weltrekord gesteigert, von 134,328 km/h auf 152,542 km/h, verlor ihn kurz vor dem Argonnenrennen an de Caters auf Mercedes und holte ihn im Juli mit 166,666 km/h zurück. Rigolly, der die beiden letzten Rekorde fuhr, gewann 1904 auch zwei Bergrennen, es waren Spurtprüfungen über einen Kilometer.

Der Richard-Brasier war neu. Georges Richard in Ivry-Port hatte seit 1987 Voiturettes gebaut, mit dem Mors-Konstrukteur Henri Brasier kam 1903 die Ambition ins Haus.

Léon Théry, 26, galt bis zu seinem Sieg als Nachwuchsmann. Er wurde 1878 geboren, fuhr schon 1898 sein erstes Rennen, Paris – Amsterdam, auf einer Voiturette, wurde 1901 im Rennen Paris – Bordeaux Fünfter in der leichten Klasse. 1902 und 1903 fiel er nicht besonders auf, entwickelte sich aber zu einem äußerst zuverlässigen Fahrer. Daß man ihn »Chronomètre Théry« nannte, kennzeichnete seine gleichmäßige Präzision.

Die prominente Firma Mors in Paris, deren Rennwagen Henri Brasier entwickelt hatte, mußte 1904 auch auf ihren besten Fahrer verzichten; Gabriel startete auf De Dietrich. Doch Marcel Salleron, dessen Geburtsjahr nicht überliefert ist, war bester Nachwuchs, beim Abbruch des Rennens Paris – Madrid 1903 in Bordeaux Zweiter hinter Gabriel.

Turcat-Méry in Marseille, 1898 von Léon Turcat und seinem Schwager Simon Méry gegründet, hatte sich mit Blick auf beste Vorbilder hochgearbeitet und lieferte Konstruktionen für De Dietrich; die Rennwagen der beiden Marken waren baugleich. Henri Rougier, 28, geboren 1878 in Marseille, stieg beim Rennen Paris – Madrid in die Elite auf; er fuhr den 40 PS-Turcat-Méry auf den neunten Platz in der schweren Klasse, den elften im Gesamtklassement. Der flotte Südfranzose ließ seinen Wagen abenteuerlustig mit einem Haifischmaul bemalen.

Léon Théry

Marcel Salleron

Technisch war Turcat-Méry mit Holzrahmen und automatischen Einlaßventilen noch nicht auf dem Stand der Wettbewerber; es mag dazu beigetragen haben, daß De Dietrich nicht die Chance wahrnahm, sich mit Wagen aus der elsässischen Produktion für das deutsche Team zu bewerben.

Daß die Franzosen ihr Ausscheidungsrennen nicht auf dem belgischen Ardennenkurs austrugen, wo die Briten gern mitgemacht hätten, lag an exorbitanten finanziellen Forderungen der Belgier. Sogar Algerien war erwogen worden, ehe die Argonnen sich anboten. Eine britische Ausscheidung war nicht nur zwischen Napier und Wolseley unausweichlich. Drei neue Aspiranten verlangten Berücksichtigung.

John Weller in London, eben erst Autofabrikant geworden, arbeitete im Auftrag eines Kunden an einem 80 PS-Wagen. J. H. Dutton in Thames Ditton, seit 1900 Konfektionär von Voiturette-Typen mit französischen Motoren, kündigte den Bau von drei 150 PS-Sechszylinder-Rennwagen für das Ausscheidungsrennen an. Und Darracq gab der Maschinenbaufirma G. & J. Weir in Glasgow die Lizenz für die schottische Replik des 100-PS-Typs, der dem Opel-Darracq entsprach, jedoch mit Zoll- statt Millimeter-Maßen.

Die Clubfunktionäre fanden ihre Problemlösung inmitten der

Irischen See. Das Parlament der selbständig verwalteten Insel Man erlaubte das Ausscheidungsrennen, Vorspiel der ab 1905 dort ausgetragenen Tourist Trophy, der bis heute berühmten T.T.

Ein Rundkurs mit beträchtlichen Steigungen an den Snaefell-Bergen mußte fünfmal befahren werden, Sonderprüfungen waren akribisch: Geschwindigkeit über 3 Meilen und den fliegenden Kilometer, präzises Bremsen und Beschleunigen an Start und Kontrollen, Bergprüfung über 2 Meilen bei Ramsey im Norden, Gleichmäßigkeit. Bewertet wurden auch die zeitsparende Fertigkeit beim Ankurbeln des Motors und beim Tanken, bei Wartung und Reparatur.

Um das pannenreiche Ereignis ranken sich Geschichten und Legenden. Die Wagen von Weller und Dutton blieben Projekte. Drei Weir-Darracq kämpften mit dem Gewichtslimit und technischen Mängeln. Vier Napier und drei Wolseley trugen die Ausscheidung unter sich aus.

Ein Sechszylinder-Napier, der später berühmte »Goliath«, war nicht fertig geworden. Ein neuer 100 PS-Vierzylinder-Napier war am Start, der erste mit gesteuerten Ansaugventilen, Einlaß über Auslaß. Zwei weitere Napier mit 80 PS hatten noch automatische Schnüffelventile. Wolseley trat mit vier Wagen an, Chancen hatten zwei mit 96 PS und einer mit 72 PS. Die Motorbauart war nicht verändert worden: Vierzylinder-Boxer, Schnüffel-Ansaugventile.

Der stärkste Napier wurde nicht vom Favoriten S. F. Edge gefahren, sondern vom Besitzer, Colonel Mark Mayhew. Die Vorderachse brach bei einem Ausritt im Training und wurde nach der Reparatur falsch montiert; es war einer von etlichen Zwischenfällen, Wertungen und Plazierungen waren in der Fachpresse heiß umstritten, Napier galt als benachteiligt.

Nominiert für das Gordon Bennett-Rennen wurden S. F. Edge auf Napier, Charles Jarrott und Sidney Girling auf Wolseley.

Edge bekam fürs Rennen den fortschrittlichen 13,7 Liter-Napier mit 100 PS bei 2000/min und Dreiganggetriebe, Jarrott den 11,9 Liter-Wolseley mit 96 PS bei 1300/min, Girling mußte sich mit der älteren 72 PS-Ausführung begnügen.

Girling war durch Unfall des Napier-Fahrers Earp nachgerückt, gegenüber Edge und Jarrott ein Neuling. Erst im Vorjahr kam er vom Rennrad aufs Auto, aber er hatte in Frankreich und Belgien Erfahrungen gesammelt und sich im Rennen Paris – Madrid gut gehalten; er gehörte zu den 99 von 221 Teilnehmern, die das Finale des schlimmen Tags in Bordeaux erreichten.

Die Belgier mit gelber Rennfarbe veranstalteten keine Ausscheidung. Zwar hatten fünf Firmen ihr Interesse angemeldet, doch nur Pipe war wirklich gerüstet. Das Fabrikat der Compagnie Belge de Construction Automobile in Gent zeichnete sich durch kühne Innovationen aus. Erstmals erschienen hängende Ventile im Rennsport, gewinkelt zwecks halbkugliger Brennraumform, und der elektrosüchtige Jenatzy, als Fahrer wieder von Mercedes engagiert, lieferte für das Vierganggetriebe des Pipe seine elektromagnetische Kupplung, die Wilhelm Maybach nach Versuchen im Mercedes abgelehnt hatte.

Sidney Girling

Die Leistung des 13,5-Liter-Pipe-Vierzylindermotors war trotz der fortschrittlichen Bauart bescheiden; 60 PS wurden angegeben, die Nenndrehzahl blieb unbekannt. Den Belgiern fehlte Erfahrung in der Hochleistungstechnik, doch für das Team standen zwei hervorragende Fahrer zur Verfügung: Baron Pierre de Crawhez und Lucien Hautvast. Der dritte, Augières, hatte auf Mors einige Erfahrung.

Der Baron fuhr Rennen seit der Jahrhundertwende, unter anderem Paris – Bordeaux, Paris – Berlin, Paris – Wien, errang zwei Siege auf Motordreirädern. Beim Rennen Paris – Madrid wurde er Fünfter auf seinem Panhard & Levassor und gewann im gleichen Jahr das belgische Ardennen-Rennen.

Lucien Hautvast, 1865 geboren, war von 1890 bis zur Jahrhundertwende Belgiens größter Radrennfahrer; in 32 Rennen errang er 28 Siege. Nach Erfolgen in Voiturette-Rennen seit 1898 nahm er 1903 auf Pipe am Rennen Paris – Madrid teil; nach gutem Anlauf verbrannte sein Wagen. In den Ardennen wurde er Neunter.

Der Automobilclub von Amerika veranstaltete ein Ausscheidungsrennen. Verschiedenartigste Wagen waren zu erwarten, doch am Start erschienen nur zwei. Alexander Winton sagte 1903 dem Rennsport ab, überließ seinen Achtzylinder-»Bullet« dem Profi Barney Oldfield, der eine wilde Vorstellung gab. Louis P. Mooers führte nur einen Motorschaden vor und gab auf, der Club verzichtete auf das Gordon Bennett-Rennen.

Aus der Schweiz kam ein Teil-

Baron Pierre de Crawhez

nehmer: Frédéric Dufaux, 22, bisher Radrennfahrer. Sein Bruder Charles hatte den Wagen konstruiert und in der Maschinenfabrik Piccard-Pictet bauen lassen; die eigene Firma in Genf kam erst in Gang. Der beachtenswerte 12,8 Liter-Achtzylinder-

Lucien Hautvast

motor mit mechanisch betätigten Einlaßventilen und Dreiganggetriebe leistete 90 PS bei 1200/min. Von 135 km/h wurde berichtet und von der Vierradbremse, die nicht erschien. Schweizer Rennbemalung war rot-gelb.

Für Spannung sorgten die Italiener. Die Fabbrica Italiana Automobili Torino, F.I.A.T., hatte 1899 mit Kleinwagen angefangen, war aber 1902 auf Mercedes-Kurs, scheute auch weiterhin die erfolgreiche Ähnlichkeit nicht. Das gab es auch anderswo, Peugeot erfreute sich des Rufs eines »französischen Mercedes«, doch die F.I.A.T. betrieb eine überlegte Sport- und Exportregie, konzentrierte sich zunächst auf Erfolge in italienischen Rennen und errang 1903 einen ersten Auslands-Sieg in den USA, zugunsten des Exports.

Für das deutsche Gordon Bennett-Rennen wurde in Turin ein neuer 14,1 Liter-Vierzylinder präsentiert, wechselgesteuert mit Einlaß über Auslaß. Das quadratische Verhältnis von Bohrung und Hub zugunsten geringer Kolbengeschwindigkeit war zukunftsweisend, bemerkenswert auch die Mehrscheibenkupplung, Vierganggetriebe selbstverständlich. Mit 76 PS bei 1200/min war die Leistung nicht hervorragend, doch das sichtlich ausgewogene Fahrwerk ließ gute Eigenschaften auf kurvenreicher Strecke erwarten.

Fünf Wagen dieses Typs 75 HP Corsa wurden gebaut, es soll auch schon drei 100 PS-Wagen mit 16,3 Liter Hubraum gegeben haben, doch dieser 100 HP Corsa war noch nicht startreif. Ein Ausscheidungsrennen der Firma fand wohl nicht statt; die F.I.A.T. bestimmte ohnehin die Fahrer.

Das As der Werks-Equipe war Vincenzo Lancia, 1881 geboren, Sohn eines Konservenfabrikanten. Er war zunächst Buchhalter bei der F.I.A.T.-Vorgängerfirma Cairano in Turin, aber nur für den Einstieg. Mit 19 Jahren gewann er das Rennen Padua – Vicenza – Treviso – Padua, nach weiteren Erfolgen nahm er mit einem 24 PS-Wagen im Hintertreffen am Rennen Paris – Madrid 1903 teil.

Mit 23 Jahren war Lancia einer der jüngsten Fahrer des deutschen Gordon Bennett-Rennens, aber sein Teamgefährte Alessandro Cagno noch zwei Jahre jünger, seit 1901 Versuchs- und Rennfahrer der F.I.A.T., nicht zuletzt auch Chauffeur der Königinmutter Margherita.

Luigi Storero, 36, eng befreundet mit dem F.I.A.T.-Geschäftsführer Giovanni Agnelli, hatte Motordreiräder in eigener Officine Martina gebaut und in Rennen gefahren, auch Kleinwagen für Michele Lanza konstruiert. 1900 kam er zur F.I.A.T., brachte seinen Schüler Cagno mit und baute ein Autohandelsnetz auf. Wie Lancia hatte er erste internationale Erfahrung im Rennen Paris – Madrid erworben.

Mercedes hatte an dem Rennwagen Typ 90 PS weiter gearbeitet. Es war vielleicht ein Glück im Unglück gewesen, daß die ersten drei Exemplare vor dem Gordon Bennett-Rennen im Vorjahr verbrannten. Zwar hatte

Vincenzo Lancia

Emil Jellinek beim Rennen Paris – Madrid einen der Wagen neben zwei 60 PS-Mercedes im Rennen Paris – Madrid starten lassen; der 90 PS ließ die Teamgefährten in seiner gewaltigen Staubwolke zurück, doch Jarrotts Beifahrer im 60 PS hat über das baldige Wiedersehen berichtet: »Wir näherten uns dem Wagen, als dieser sich zu unserem großen Schrecken aufzulösen begann.

Luigi Storero

Die Hinterachse war gebrochen, und dadurch krachte das Chassis zu Boden, wobei es alle möglichen Teile davonriß, die in der Gegend herumflogen.« Der

Alessandro Cagno

Motor lief auch noch nicht ganz zufriedenstellend.

Daß Baron Pierre de Caters kurz vor dem deutschen Gordon Bennett-Rennen den Weltrekord mit 156,521 km/h eroberte, war ein vielversprechendes Reifezeugnis für den Vierzylindermotor mit wechselgesteuerten Ventilen. Die verstärkte Hinterachse hatte sich auch bei Rekordversuchen von William K. Vanderbilt am Strand von Daytona in Florida bewährt; seine 148,7 km/h vor de Caters Rekord fanden keine internationale Anerkennung.

Für das Gordon Bennett-Rennen wurde der Hubraum der Mercedes-Motoren durch verminderte Zylinderbohrung (165 statt 170 mm, Hub 140 mm) auf 12 statt 12,7 Liter reduziert, Verbesserung des Schmiersystems erlaubte mehr Drehzahl und damit mehr Leistung. 98 PS bei 1150/min wurden angegeben, 105 PS bei 1380/min schon erreicht.

Als Fahrer wählte Jellinek die Favoriten Jenatzy und de Caters und betrieb eine Doppelstrategie. Der österreichische Club meldete drei schwarz-gelbe Wagen der Österreichischen Daimler Motoren AG in Wiener-Neustadt; sie waren bis auf minimale Unterschiede baugleich mit den deutschen Mercedes. Die Verfasser des Reglements hatten diese Möglichkeit nicht erwogen, als sie den Wettbewerb der Herrenfahrer konzipierten. Sauber war die Sache nicht, fast alle wesentlichen Teile der Wagen stammten aus dem neuen Daimler-Werk Untertürkheim. Die maßgebenden Franzosen in der Sportkommission konnten mit Blick auf den Opel-Darracq die Zurückweisung nicht riskieren; die Nominierung des Wagens aus Rüsselsheim mag auch ein Stück Jellinek-Regie gewesen sein.

Für Österreich starteten unverblümt zwei deutsche Werksfahrer. Wilhelm Werner und Hermann Braun. Den dritten Wagen der Donaumonarchie erhielt der Brite J. B. Warden, Sechster beim Rennen Paris – Madrid auf dem Typ 60 PS und damit schnellster Mercedes-Fahrer des Unglückstags.

Der Deutsche Automobil-Club sah seine Standesregel erfüllt, wenngleich zwei Belgier die weißen Mercedes fuhren. Es waren jedoch echte Profis mit Werksvertrag. Wenn de Caters Sieger wurde, durfte er einen beliebigen Mercedes als Prämie wählen, für den zweiten Platz ein 40 PS-Modell, für den dritten eines mit 18 PS. Der Siegespreis entsprach einem Gegenwert von mindestens 20 000 Mark. Ein gut bezahlter Angestellter im Alter des Barons verdiente die Summe in etwa zehn Jahren.

Gentlemen mit Blick auf die Kasse, Werkspiloten, Politik der Industrien und Nationen, der Deutsche Kaiser mit Hofstaat auf der Cäsarentribüne: Das war kein Gordon Bennett-Preis im Sinne des Stifters, aber unerhört spannend.

Prinz Solms-Braunfels, Österr. A. C.

J. B. Warden

1904: Das fünfte Rennen

Das deutsche Gordon Bennett-Comité, fünfzehnköpfig, bestand aus Herren von Einfluß und Vermögen, an der Spitze Seine Hoheit Adolf Friedrich Herzog zu Mecklenburg; er war Autofahrer wie der Großherzog von Hessen-Darmstadt. Drei Herren bildeten den Arbeitsausschuß, dreiköpfig war auch das Präsidium des Deutschen Automobil-Clubs, viel Geld mußte aufgebracht und eine preußisch-perfekte Organisation geschaffen werden; Seine Majestät der Kaiser und König ließ sich alles berichten. Seine Wünsche waren Befehle, und die Herren mußten fürs Bezahlen sorgen.

Der »Offizielle Führer zum Gordon Bennett-Rennen und den damit verbundenen Festlichkeiten« war ein Buch mit geprägtem Deckel, er zeigte das Haupttor der Saalburg mit der Statue des römischen Kaisers Antoninus Pius, auf dem Sockel die Widmung Wilhelms II. Die 264 Seiten mit französischer und englischer Übersetzung und Goldschnitt enthielten alles Wissenswerte, nicht zuletzt eine bis dato beispiellose Streckenbeschreibung.

Das Rennen war am 17. Juni 1904 anberaumt, am 12. Juni begannen die täglichen Festlichkeiten in Bad Homburg mit Militär- und anderen Konzerten, Leuchtfontänen und Scheinwerferspielen. Am Freitag fand das Rennen statt, danach Militärkonzert, Leuchtfontänen und die Oper »Carmen«, am Samstag Militärkonzert, Großes Gala-Diner für die Sieger, Illumination mit 10 000 farbigen Lichtern, Großes Ballett-Divertissement im Freien beim Großen Saisonfest: »Die Nationen in ihren Hymnen und Tänzen«, dann Großes Brillantfeuerwerk und Tanz. Am Sonntag folgte ein Automobilrennen in Frankfurt am Main, danach fuhr man wie-

Victor Herzog von Ratibor, Deutscher A. C.

Dr. Ritter von Marx,
Homburgs Oberbürgermeister

der nach Bad Homburg zum Großen Bazar und Grand Bal paré. Noch vier Tage bis zum 23. Juni ging es so weiter mit viel Musik, Feuerwerken und Illuminationen, am Dienstag traf man sich zur »Eleganzkonkurrenz« der Automobile im Kurpark, und so weiter. Der Kaiser sagte fast allem die Ehre seiner Anwesenheit zu.

Start und Ziel war die Saalburg, der Rundkurs wurde gegen den Uhrzeigersinn befahren: Saalburg – Wehrheim – Usingen – Grävenwiesbach – Weilburg – Limburg – Kirberg – Neuhof – Idstein – Esch – Königstein – Oberursel – Bad Homburg – Saalburg. Es waren 137,5 Kilometer, abzüglich der Neutralisationen wurden 127,24 Kilometer gewertet. Neutralisiert waren die Durchfahrten in Usingen, Weilburg, Limburg, Idstein, Esch, Königstein, Oberursel und Homburg (damals noch nicht als Bad tituliert). Aus vier Runden ergaben sich 508,96 Kilometer Gesamtdistanz.

Beträchtliche Höhenunterschiede waren zu bewältigen, 445 Meter zwischen dem tiefsten und dem höchsten Punkt, Steigungen mit durchschnittlich 6 Prozent, von Kirberg nach Neuhof ein 17 Prozent-Gefälle und eine 15 Prozent-Steigung.

Ausländische Kundschafter äußerten geteilte Meinungen, Zustimmung überwog, so von de Knyff, der die Strecke im November bei schwerem Regen erprobte.

Die Straßen waren gut befestigt, es gab keine Entwässerungs-Querrinnen wie in Frankreich, die Dorfstraßen bezeichnete der »Offizielle Führer« als erträglich und fand es eher vorteilhaft, daß sie »für volle Fahrt nicht geeignet« waren. Mit »bedeutenden Geldaufwendungen« hatte der Deutsche Automobil-Club »einige der bedenklichsten Biegungen durch Überhöhungen weniger gefahrvoll gemacht, Bahnüberschreitungen der Rennstrecke durch Einbau einer Abkürzung (Oberursel) umgangen, zahlreiche Straßenverbreiterungen vorgenommen und Über- und Unterführungen der Rennstrecke hergestellt.« Wo ein »großes Zusammentreffen von Zuschauern« erwartet wurde, sorgten 1.20 Meter hohe Drahtgitter einigermaßen für Sicherheit, insgesamt auf 20 Kilometern.

100 Uhren und Chronometer wurden beschafft, es gab modernste Installationen: »Elektrische Drähte zum Zwecke der genauesten Zeitabnahme werden auf verschiedenen, voraussichtlich die Entwicklung der größten Schnelligkeit ermöglichenden Strecken gelegt.« 1000 Helfer waren rekrutiert, Polizei und Militär sperrten die gesamte Strecke ab, die Schulen in der ganzen Taunusregion schlossen am Renntag auf Befehl des Kaisers.

Die Streckenbeschreibung verwies auf zahlreiche Gefahrenstellen, und es wurde betont, daß die Taunus-Rennstrecke »als Sieger nur einen Wagen durchkommen läßt, der in sich große motorische Kraft, höchst soliden Bau mit augenblicklich funktionierendem Anfahr- und Abstopp-Vermögen vereinigt und der von einem außerordentlichen, gewiegten und kaltblütigen Fahrer gesteuert wird. Auch an die Pneumaticreifen werden die größten Anforderungen gestellt werden.« Das war nicht übertrieben.

Acht Tage lang waren vor dem Rennen 20 Kehrmaschinen und 150 Straßenkehrer auf der Strecke tätig, wie in Irland brachten Sprengwagen das dünnflüssig-teerige Westrumit aus, wo es für Tribünen- und Ortspassagen ratsam war; ohne Whiskey für die Kutscher, doch gewiß mit manchen Fäßchen Bier. Telefone und 22 Telegraphenapparate sollten auf keine Meldung warten lassen; die Ausländer mußten staunen und taten es mit gemischten Gefühlen.

Beim Training am Vortag des Rennens fiel Regen in Strömen, doch am 17. Juni herrschte »Kaiserwetter«, heiß und trocken. Kaiser und Hof trafen ein, Königs- und Fürstenhäuser waren vertreten, Prinz Heinrich als einer der zahllosen Automobilisten und auch der englische Damen-Automobil-Club. Die opulenten Tribünen bogen sich,

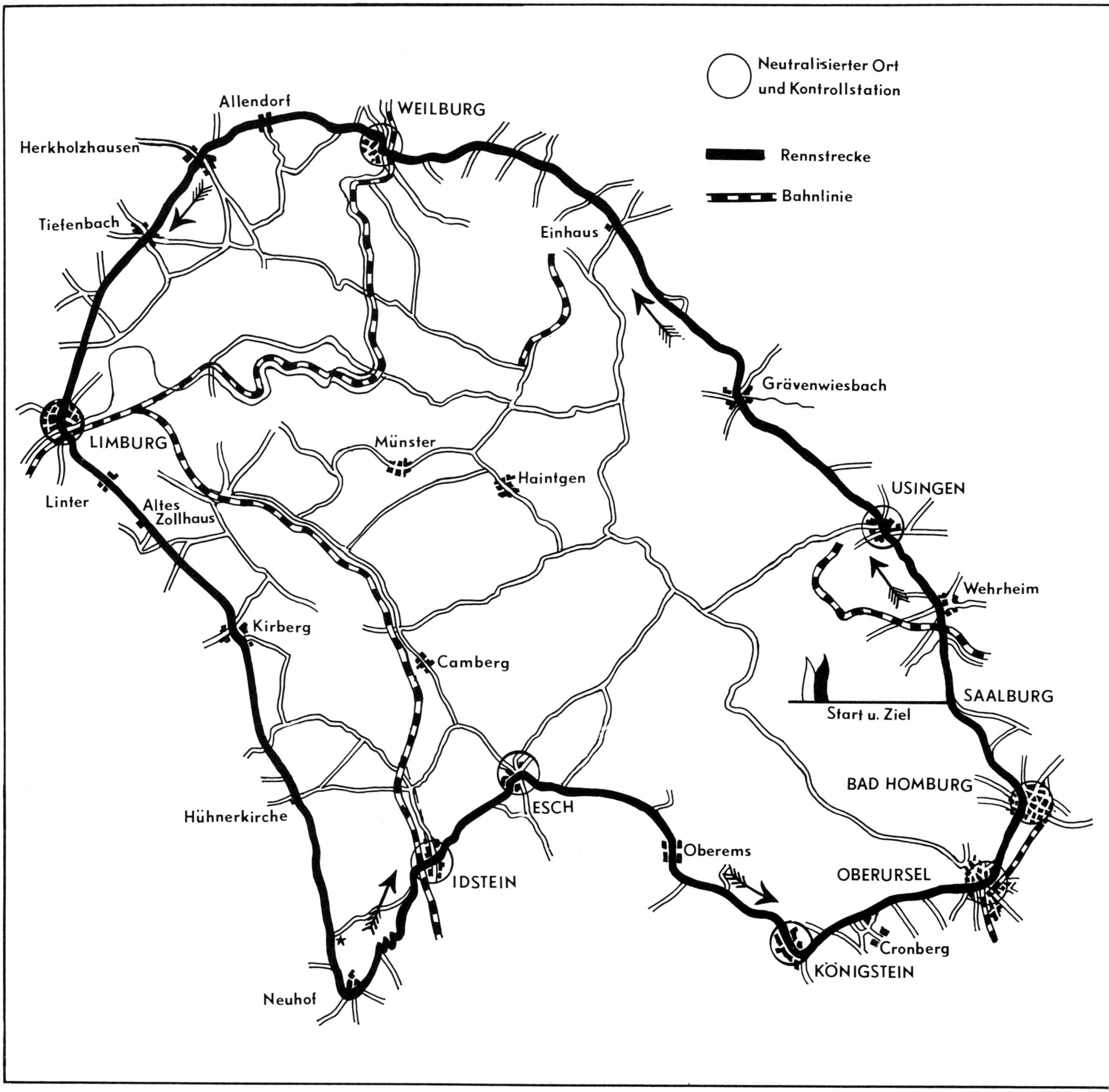

Taunus-Strecke 1904

Gordon Bennett-Rennen 1904. Tribünen-Vorderansicht mit Tunnel

Radlerschwärme und Volk zu Fuß fanden ihre Aussichtsplätze, das Gastgewerbe war beglückt und teuer, Fenster wurden vermietet. Um 7 Uhr morgens ging es los, alle 7 Minuten ein Wagen: Jenatzy auf Mercedes – Edge auf Napier – Werner auf Austro-Daimler – Lancia auf F.I.A.T. – Théry auf Richard-Brasier – de Crawhez auf Pipe – de Caters auf Mercedes – Girling auf Wolseley – Braun auf Austro-Daimler – Storero auf F.I.A.T. – Salleron auf Mors – Augières auf Pipe – Opel auf Opel – Jarrott auf Wolseley – Warden auf Mercedes – Cagno auf F.I.A.T. – Rougier auf Turcat-Méry – Hautvast auf Pipe. Insgesamt 18 Wagen, das größte Gordon Bennett-Feld bisher. Dufaux konnte nicht starten, seine Lenkung war irreparabel gebrochen.

Die Ausländer hatten sich mit dem Kurs mehr oder weniger vertraut gemacht, Jenatzy lernte

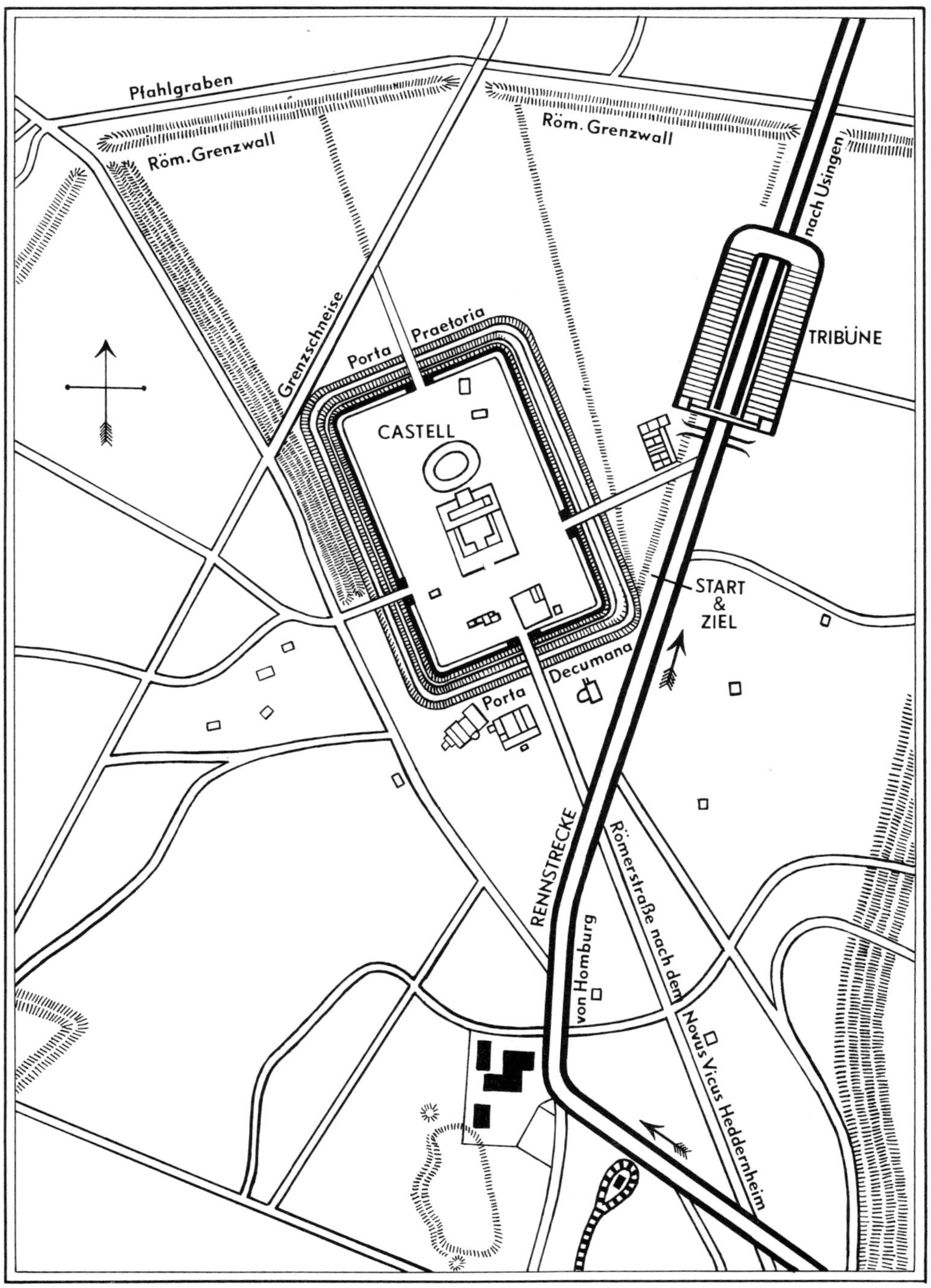

Castell Saalburg

die Strecke seit acht Wochen auswendig. Edge kam spät und war der Pechvogel des offiziellen Trainings. Mit gebrochener Kurbelwelle wurde der Napier am Vortag des Rennens eingeschleppt, ein pferdebespannter Postomnibus hatte sich des Anhalters erbarmt. Jarrott lud Edge für eine Proberunde ein, doch der Wolseley blieb liegen, ebenso zwei geliehene Tourenwagen, ein Adler und ein F.I.A.T.

Der Startplatz war von allzuvielen Funktionären und ihren Freunden bevölkert, der Freiherr Molitor von Mühlfeld hatte als Starter ebensowenig Erfahrung wie die Besatzungen der Kontrollstellen. Doch die Deutschen waren pünktlich und unterwegs als Kontrolleure mitleidlos korrekt.

Freiherr Molitor von Mühlfeld, Starter

Jenatzy demonstrierte seinen spektakulären Spurt mit dampfendem Kühler und ungeheurer Auspuffwolke, doch sein Wagen war in Ordnung; nicht aber der zweite Mercedes. De Caters fuhr um 14 Minuten verspätet ab. »Er mußte zigarettenrauchend zusehen, wie die Cannstätter Monteure ganz systematisch einen Kurzschluß der Zündung beseitigten,« berichtete das Fachblatt »Der Motorwagen.«

Fritz Opel, als einziger Deutscher im deutschen Team umjubelt, produzierte einen Frühstart und mußte zurückgeschoben werden. Der vielgerühmten Kruppstahl-Kurbelwelle blieb ihre Qualitätsprobe erspart; nach acht Kilometern brach die Kardanwelle. »Der Motorwagen« war nach dem Rennen klüger als zuvor: »Voraussichtlich wäre der Erfolg Deutschlands ein besserer gewesen, wenn man nicht den leider von Anfang an aussichtslosen Darracq-Opel-Wagen zugelassen hätte.« Fritz Opel wurde gelobt, er habe die wenigen Kilometer »in einem ganz fabelhaften Tempo« zurückgelegt; weniger die deutsche als die französische Firma sei betroffen.

Der Pipe von de Crawhez kam nicht auf volle Drehzahl und sprang an der Kontrolle Limburg nur widerwillig an, der Turcat-Méry von Rougier und der Pipe von de Crawhez wurden durch

Henri Rougier

Pannen schlimm aufgehalten, Lancia und Cagno mußten schon Reifen wechseln, der F.I.A.T. ihres Teamgefährten Storero beschleunigte schlecht. Der Wolseley von Jarrott lief noch geräuschvoller als sonst. Edge wurde durch einen Zündungsdefekt aufgehalten. Die Austro-Daimler enttäuschten trotz guter Fahrer; es soll an Reifenpannen gelegen haben, aber zumindest der Wagen von Warden brachte das Kühlwasser zum Kochen (es durfte nur an Kontrollstellen nachgefüllt werden), und Brauns Wagen sprang sehr schlecht an. Edge mußte auf seine nicht eingelaufene Kurbelwelle Rücksicht nehmen, glich dies und eine

Reparatur an der Zündung aber durch exzellentes Fahren aus. Augières brachte seinen Pipe nur mühsam voran und gab nach der ersten Runde auf.

Scheinbar unangefochten passierte Jenatzy nach einer Stunde, 26 Minuten und 56,8 Sekunden das Rundenziel, scheinbar unangefochten in Spitzenposition. Die Zeitnahme brachte den Schock für die Gastgeber: Théry auf dem Richard-Brasier, 7 Minuten später gestartet und mit gleichem Abstand an der Saalburg erschienen, war um genau eine Sekunde schneller als der Rote Teufel, der Franzose gewann die Runde mit 87,805 km/h.

Plazierung nach der ersten Runde, 17 Wagen im Rennen: 1. Théry (Richard-Brasier) – 2. Jenatzy (Mercedes) – 3. Edge (Napier) – 4. Girling (Wolseley) – 5. Jarrott (Wolseley) – 6. Salleron (Mors) – 7. Cagno (F.I.A.T.) – 8. de Caters (Mercedes) – 9. Hautvast (Pipe) – 10. Lancia (F.I.A.T.) – 11. Storero (F.I.A.T.) – 12. Braun (Austro-Daimler) – 13. Werner (Austro-Daimler) – 14. Rougier (Turcat-Méry) – 15. Warden (Austro-Daimler) – 16. Augières (Pipe) – 17. de Crawhez (Pipe).

Edge lag um 5 Minuten hinter Théry, bis zu Warden auf dem 15. Platz betrug der durchschnittliche Zeitabstand 2,7 Minuten. Es ergab für Warden 41 Minuten, Augières lag um 16 Minuten hinter ihm, de Crawhez um 19 Minuten, über eine Stunde hinter Théry.

In der zweiten Runde veränderte sich die Konstellation. Die Zuschauer an der Strecke kamen auf ihre Kosten: In den schnellen westlichen Etappen erreichten die Favoriten 135 km/h und mehr. Jenatzy fuhr spektakulär, unruhig wie immer. Théry, »Monsieur Chronomètre«, verkörperte dagegen Ruhe und Präzision.

Edge mußte schon bei Limburg stoppen, um die Lenkung des Napier zu revidieren; er fiel weit zurück. Bei Jarrotts Wolseley fiel der Gashebel aus; sein Mechaniker Bianchi, der im Vorjahr unter dem umgestürzten Wagen gelegen hatte, mußte vor jeder Kurve die Zündung ausschalten. Auf den Geraden konnte Jarrott das Tempo nur durch Abwärtsschalten reduzieren, der Motor überdrehte mehrfach, bald fiel durch Zahnradbruch der dritte Gang des Vierganggetriebes aus. Dann brachen Kühlerrohre, Bianchi stopfte sie mit Holz, an jeder Kontrolle mußte er Wasser nachfüllen. Und zu allem Unglück brach eine der Antriebsketten zur Hinterachse, peitschte hoch und verletzte Bianchi am Arm, doch sie hatten eine Reservekette an Bord und konnten weiterfahren. Wohl bei dieser Reparatur ließ ein übereifriger Tankhelfer den Kanister auf Bianchi fallen. Da fehlte nur noch eine Reifenpanne, von der sie aber verschont blieben.

Auch Salleron wurde von einem Kettenbruch am Mors betroffen. Bei Werners Austro-Daimler kochte das Wasser aus dem Kühler, das Nachfüllen unterwegs verhinderte pflichtgemäß ein Streckenposten. Der geräuschvolle Motor des Wolseley von Girling klang nunmehr kränklich, hielt aber das Renntempo durch, und Fournier auf dem Turcat-Méry war noch in der ersten Runde, als Jenatzy ihn kurz vor dem Ziel der zweiten Runde fast erreichte. Der Pipe von Augières blieb auf der Strekke.

Wieder zitterten die Herzen deutscher Patrioten, und wieder siegte der Franzose. Mit 87,99 km/h war Théry noch etwas schneller als in der ersten Runde, sein Plus vor Jenatzy hatte er von einer auf zwei Minuten vergrößert. Er war 2 Stunden, 42 Minuten und 42 Sekunden im Rennen.

Plazierung nach der zweiten Runde, 16 Wagen im Rennen: 1. Théry (Richard-Brasier) – 2. Jenatzy (Mercedes) – 3. Girling (Wolseley) – 4. Cagno (F.I.A.T.) – 5. Hautvast (Pipe) – 6. Jarrott (Wolseley) – 7. de Caters (Mercedes) – 8. Lancia (F.I.A.T.) – 9. Storero (F.I.A.T.) – 10. Braun (Austro-Daimler) – 11. Salleron (Mors) – 12. Werner (Austro-Daimler) – 13. Warden (Austro-Daimler) – 14. Rougier

(Turcat-Méry) – 15. Edge (Napier) – 16. de Crawhez (Pipe).

Girling auf dem dritten Platz lag 14 Minuten hinter Théry, 19 Minuten vor Cagno. Dahinter waren die Abstände eng, jeweils nur ein paar Minuten, doch für Werner addierte es sich zu fast einer Stunde auf, für Edge auf eineinviertel Stunden, für de Crawhez auf fast zwei. Die Masse der Zuschauer erfuhr die Zeiten nicht, doch das Duell Théry-Jenatzy war evident und in aller Munde: auch ohne Information ließ sich erkennen, daß Wagen ausblieben oder vorankamen.

Die Kämpfe gegen die Zeit und die Tücken der Technik spiegeln sich in den Platzziffern gegenüber der ersten Runde: Girling von 4 auf 3 – Cagno von 7 auf 4 – Hautvast von 9 auf 5 – Jarrott von 5 auf 6 – de Caters von 8 auf 7 – Lancia von 10 auf 8 – Storero von 11 auf 9 – Braun von 12 auf 10 – Salleron von 6 auf 11 – Werner von 13 auf 12 – Warden von 15 auf 13 – Rougier unverändert auf 14 – Edge von 3 auf 15 – de Crawhez durch den Ausfall von Augières auf 16 statt 17.

In der dritten Runde mußte Théry plötzlich stoppen. Der Motor vibrierte, ein Flügel des Kühlerventilators war gebrochen. Wieder bewies der rundliche Franzose seine Kaltblütigkeit. Er kappte alle Ventilatorflügel und zelebrierte seine kühne Kurventechnik ungerührt. Etwa 3 Minuten hatte er verloren, doch nicht das Duell. Rivale Jenatzy war merklich genervt. An der Kontrolle Limburg, nach dem ersten Drittel der Strecke, startete er miserabel, würgte den Motor ab, verlor Minuten, fuhr rückwärts an.

Storero fiel aus, staunenswert fluchend; die Kettenradwelle des F.I.A.T. war gebrochen. Auch der Pipe von de Crawhez blieb liegen.

Als an der Saalburg die Militärmusik schwieg und die Fanfaren den Spitzenreiter ankündigten, war die Spannung atemberaubend.

Ein blauer Wagen – Théry! Er hatte die Strecke mit 86,87 km/h umrundet, Jenatzy brauchte acht Minuten mehr und lag im Ergebnis der ersten drei Runden um fast zehn Minuten zurück.

»Der Motorwagen« kennzeichnete später den Belgier als »maßlos aufgeregt« gegenüber dem »ruhigeren Franzosen« und berichtete von unverzeihlichen Fehlern: »Jenatzy durchfuhr zweimal die Kontrollen, wo für ihn das Benzin bereitgehalten wurde, ohne nachzufüllen. Nach kaum einem Kilometer Fahrt ging tatsächlich das Benzin aus. Der Mechaniker mußte im Laufschritt zur Kontrolle zurück, um Benzin zu holen.«

Jenatzy hat den Vorgang allerdings anders erklärt. Die »Automobil-Welt« zitierte später aus einem Interview, das er auf der Rückfahrt in Lüttich dem »Journal de Liège« gab. Da es noch keine Benzinpumpen gab, wurde der hermetisch verschlossene Tank mit einer Auspuff-Abzweigung unter Druck gesetzt – nicht nur bei Mercedes, aber Jenatzy hatte besonderen Ärger damit:

Beim Mercedeswagen ist es ja unmöglich, während der Fahrt den Behälter zu füllen, weil der Druck erst aufgehoben werden muß. Dieser Umstand beansprucht ein Anhalten von zwei Minuten vor jeder Nachfüllung. Trotz alledem hatte ich in der ersten Runde eine Sekunde gegen Théry gewonnen. Bei der dritten Runde aber verlor ich viel Zeit. Meine Füllstation war Limburg. Ich mußte, wenn nicht anhalten, so doch ganz langsam fahren, bevor ich zur Kontrolle dieser Stadt kam. Die Mercedes-Leute, welche die Benzinbehälter in Bereitschaft hielten, hatten gut daran zu tun geglaubt, daß sie in den Deckel der Behälter ein breites Loch gebohrt hatten, um die Luft in demselben Augenblicke eindringen zu lassen, wo das Benzin ausfloß. Mein Autmann hatte davon keine Ahnung und als er beim Gießen einige Tropfen Benzin neben den Auspuff auf den Wagen fallen ließ, fürchtete er, das Benzin würde Feuer fangen, und warf den Behälter weg. Da nun mein Auto seinen Antrieb erhalten hatte, überfuhr ich die Kontroll-Linie. Ich konnte nun nicht mehr zurück und fuhr auf gut Glück los (»j'ai tenté le papuet«) und verließ Limburg ohne Benzin. Da ich aber so die Runde nicht vollenden konnte, mußte ich zwischen Usingen und Weilburg nachfüllen, womit ich etwa zwanzig Minuten verlor. Als ich zur Einnahme von Benzin bei der letzten Runde in Limburg anhalten wollte, teilte mir die Kontrolle dort mit, ich hätte die erlittene Verspätung ausgeglichen und Thérys Vorsprung betrage nunmehr zwanzig Minuten. Ich überlegte schnell, daß das Nachfüllen mir fünf Minuten kosten würde, daß es mir kaum möglich sein würde, sieben Minuten einzuholen, wohl aber vielleicht zwei. Mit voller Wucht eilte ich durch, nach Aufnahme eines Reservebehälters für alle Fälle. Achtzig Kilometer blieben mir noch. Leider wollte es mein Mißgeschick, daß ich dennoch zwischen Esch und Königstein halten mußte, um den Reservebehälter zu leeren. So gab's noch einen großen Zeitverlust! Ich verlor somit in der ersten und dritten Runde je fünf Minuten, in der zweiten zwanzig Minuten gegen Théry.

Plazierung nach der dritten Runde, 14 Wagen im Rennen: 1. Théry (Richard-Brasier) – 2. Jenatzy (Mercedes) – 3. de Caters (Mercedes) – 4. Cagno (F.I.A.T.) – 5. Rougier (Turcat-Méry) – 6. Braun (Mercedes) – 7. Hautvast (Pipe) – 8. Girling (Wolseley) – 9. Lancia (F.I.A.T.) – 10. Jarrott (Wolseley) – 11. Salleron (Mors) – 12. Edge (Napier) – 13. Werner (Austro-Daimler) – 14. de Crawhez (Pipe).

Die Fahrer hatten 381,72 Kilometer hinter sich, die neutralisierten Durchfahrten nicht gerechnet. Théry in 4 Stunden, 23 Minuten und 39,2 Sekunden, Edge in 6 Stunden, 45 Minuten und 33 Sekunden. Es war eine enorme psychische und physische Leistung, nicht zuletzt für die Fahrer mit versagenden Wagen und Reifenpannen. Wieder zeigten die Platzwechsel, daß Könner nicht resignierten. Schneller als Jenatzy waren in der dritten Runde Rougier, de Caters und knapp sogar Edge, Braun nur eine halbe Minute hinter der Zeit von Jenatzy.

Wieder hatten sich die Plätze in der Gesamtwertung umgeschichtet: de Caters von 7 auf 3, Cagno von 8 unverändert 4, Rougier (nur 56,4 Sekunden hinter Théry!) von 14 auf 5 – Braun von 10 auf 6 – Hautvast von 5 auf 7 – Girling von 7 auf 8 – Lancia von 8 auf 9 – Jarrott von 6 auf 10 – Salleron unverändert 11 – Edge von 15 auf 12 – Werner von 12 auf 13 – de Crawhez durch die Ausfälle von 16 auf 14.

In der Endrunde versagten die Wagen von Edge und de Crawhez endgültig. Cagno verlor eine halbe Stunde durch Reifendefekte, es warf ihn um sechs Plätze zurück. Rougier war wieder der drittschnellste Fahrer der Runde, und Théry fuhr die schnellste Runde des Rennens mit 88,39 km/h.

Jenatzy kam vor Théry ans Ziel vor der Saalburg, total ausgepumpt und mit dem letzten Tropfen Benzin im Tank. Daß er den ersten oder zweiten Platz errungen hatte, war damit sicher. Da aber an den Kontrollen auch schnellste Fahrer warten mußten, bis überrundete Vordermänner gestartet waren, ergab sich ein Warten auf Théry. Wenn es länger dauerte als 28 Minuten, war Jenatzy der Sieger.

Er war es nicht. Zu früh für die bangenden Deutschen ertönte die Fanfare, Théry gewann den Gordon Bennett-Preis, und die Franzosen erhielten auch die Montagu Trophy für das beste Team; kein anderes kam vollzählig an.

12 von 18 gestarteten Wagen hatten durchgehalten, kein Unfall trübte den Tag. Théry hatte die 508,96 Kilometer in 5 Stunden, 50 Minuten und 1,4 Sekunden bezwungen, Durchschnitt 87,245 km/h.

Die Plazierung im Ziel: 1. Théry (Richard-Brasier) – 2. Jenatzy (Mercedes) – 3. Rougier (Turcat-Méry) – 4. de Caters (Mercedes) – 5. Braun (Austro-Daimler) – 6. Hautvast (Pipe) – 7. Salleron (Mors) – 8. Lancia (F.I.A.T.) – 9. Girling (Wolseley) – 10. Cagno (F.I.A.T.) – 11. Werner (Austro-Daimler) – 12. Jarrott (Wolseley).

Théry hatte Jenatzy um elfeinhalb Minuten abgeschlagen, Rougier lag 46 Minuten hinter Jenatzy, nur um 21 Sekunden vor de Caters. Zwischen den anderen lagen wenige Minuten, nur zwischen Hautvast und Salleron fast eine Viertelstunde.

Es war ein großer Gordon Bennett-Tag, und jede Nation hatte ihre Helden.

Das ganze Tribünen-Frankreich jubelt und auch das sonstige Publikum hielt nicht mit dem Beifall zurück. Die Musik spielte eine Melodie, die vielleicht der Gordon Bennett-Marsch sein mag. Die Franzosen, die schönen Französinnen erst recht, winken mit Hüten und Tüchern und nun vollzieht sich etwas wie ein Austausch internationaler Höflichkeit. Eine französische Deputation wird dem Kaiser vorgestellt. Der Kaiser gratuliert dem Vorsitzenden des französischen Automobilclubs und Herrn Brasier, dem Fabrikanten des Siegerwagens und spricht lange Zeit mit beiden. Auch die Kaiserin begrüßt die Herren Franzosen sehr freundlich und aus der Nähe ertönt ein heller Ruf wie von einer Frauenstimme: »Vive la France!« Eine Gruppe Franzosen erwidert ritterlich mit dem Gegenruf: »Vive l'Empereur!« Nun fahren die beiden Sieger vor und halten zu Wagen einen Moment vor dem Kaiserzelt. Der Kaiser klatscht Beifall.

Jenatzy zieht die Sturmhaube ab. Er ist braun und naß wie geölte Bronze. Der Applaus lehrt, man glaubt, daß der Mann sein Bestes tat. Théry strahlt. Er schwenkt im Triumphgefühl seine Mütze. Man umringt seinen Wagen, und er müßte viele Hände haben, um dem Andrang aller gerecht zu werden. Nun verabschieden sich die Mitglieder der französischen Deputation vom Kaiserzelt, und bald darauf um 5.25 Uhr verläßt das Kaiserpaar die Tribüne und kehrt nach Homburg zurück. Das Hauptinteresse ist damit erschöpft.

Um 6 Uhr 15 läuft de Caters als dritter ein. Sein Mechaniker hält den Rosenkranz in der Hand, der dem Wagen unterwegs zugestellt wurde. Ein volles Glück haben die Blumen nicht gebracht. Vielleicht ein andermal.

Um 6.20 Uhr kommt Lancia als vierter an. Er ist auch als vierter vom Start abgefahren. Um 6 Uhr 25 trifft als fünfter Werner auf dem österreichischen Mercedes-Wagen ein. Um 5 3/4 Uhr setzt sich der Schlußwagen in Bewegung. Er verkündet, daß die Strecke überall frei ist, wo er passierte.

So berichtete die »Frankfurter Zeitung«. Théry wurde des kaiserlichen Händedrucks nicht gewürdigt, er galt Seiner Majestät nur als Rennchauffeur, doch Prinz Heinrich gratulierte ihm herzlich. Die Festlichkeiten verliefen nicht so glanzvoll wie geplant, manches wurde gestrichen. Die nahe Bademetropole Wiesbaden, wegen absoluten Autoverbots bei der Planung boykottiert, konnte eine gewisse Schadenfreude hegen.

Jenatzy konnte seine Niederlage nicht auf die Kraftstofförderung zurückführen; das Tanksystem des Richard-Brasier ist nicht genau bekannt, aber der Wagen war deutlich von der »Ära Mercedes« geprägt, F.I.A.T. hatte den Drucktank, anscheinend arbeiteten nur die Briten noch mit Gefälle. Jenatzy deutete ja auch Fehler bei der Handhabung an und verwies im Interview mit dem »Journal de Liège« auf sein unbestreitbares Handicap. Zitiert nach der »Automobil-Welt«:

Jenatzy will nicht mehr als Erster starten, weil er bei der ersten Runde einige Störungen erlitt: »Bei Weilburg nämlich, wo es eine leichte Kurve gibt, fuhr ich mit 140 km Geschwindigkeit und nahm die Biegung ganz am Rand. Die Zuschauer, die auf beiden Straßenseiten auf den Erhöhungen standen, fürchteten, ich würde die Böschung herausstürzen und liefen »wie scheue Hühner« auf die Straße. Mit aller Gewalt und ganz unerwartet mußte ich alle Bremsen wirken lassen, um einen Unfall zu vermeiden. Nach meiner Berechnung mußte ich für jede Runde eine Stunde 23 oder 24 Minuten brauchen. Bei verschiedenen, nicht genügend bewachten Kur-

ven nun mußte ich der Vorsicht halber langsamer fahren, womit ich wiederum Zeit verlor.« Jenatzy hat viel Vertrauen auf das nächste Jahr, wollte aber nichts mehr sagen, mit dem Hinweis darauf, daß man ihm »Bluff« vorwerfen könnte! »Je suis vaincu et voilà le seul fait. Maintenant attendons!« Jenatzy sagte noch, »es sei eine lächerliche Fabel, daß er Théry mit Faustschlägen bearbeitet habe. Théry hat ein schönes Rennen geliefert und ist seit langer Zeit einer meiner Freunde.*

Die Faustschläge hat es wohl gegeben; der Michelin-Repräsentant soll Empfänger gewesen sein.

Und de Caters erhielt keinen Mercedes, um 20,6 Sekunden hatte er die Prämie verfehlt.

Mit dem Preis nahmen die Franzosen die Pflicht auf sich, das nächste Gordon Bennett-Rennen auszutragen. Daß es das letzte sein würde, lag in der Luft. Alle Voraussetzungen hatten sich geändert.

* Ich bin besiegt worden, das ist die einzige Tatsache. Jetzt warten wir ab.

Französisches Ausscheidungsrennen

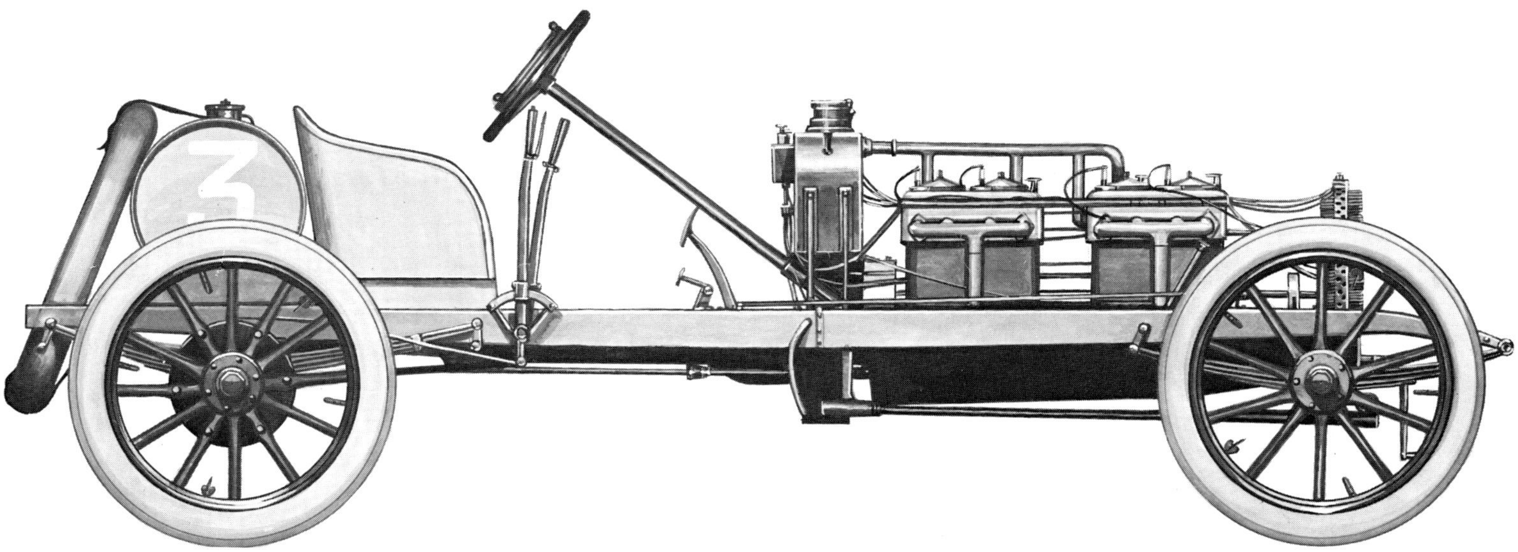

Clément-Bayard 11,3 Liter-Vierzylinder, 80 PS bei 1200/min

Hotchkiss 17,8 Liter-Vierzylinder, 108 PS bei 1250/min

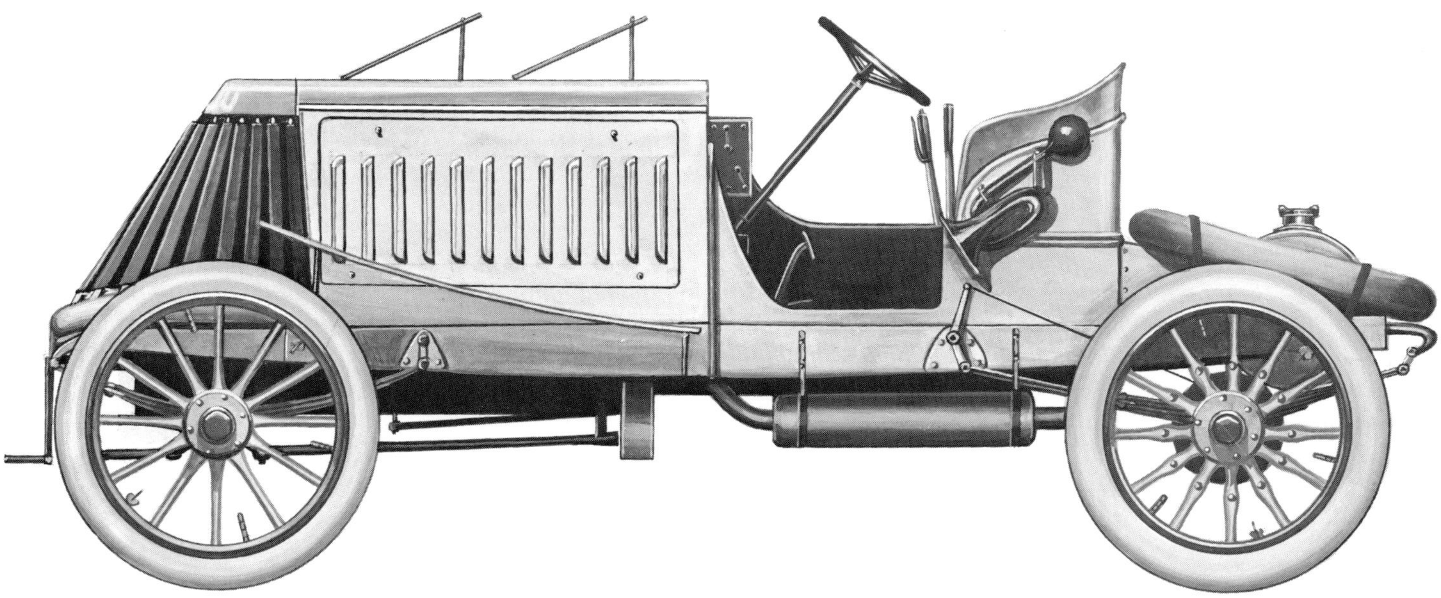

Panhard & Levassor 15,4 Liter-Vierzylinder, 100 PS bei 1400/min

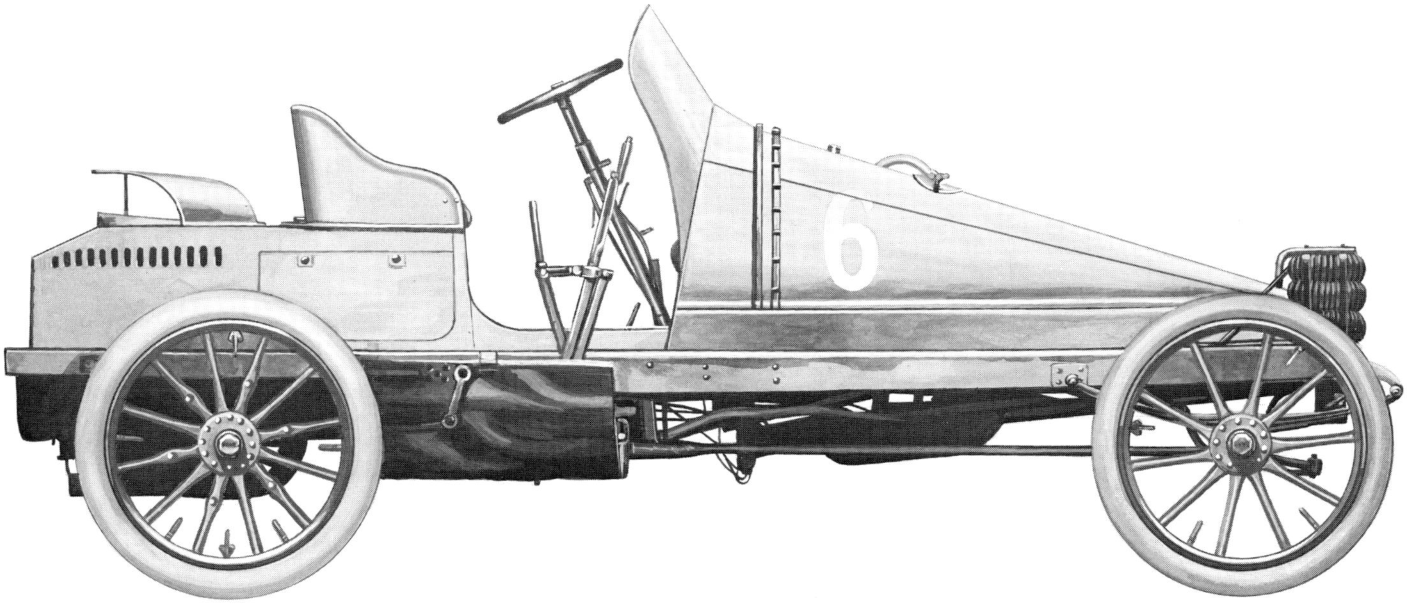

Serpollet Dampfmaschine, 40 effektive PS

Turcat-Méry 12,8 Liter-Vierzylinder, 100 PS bei 1300/min

Im Rennen

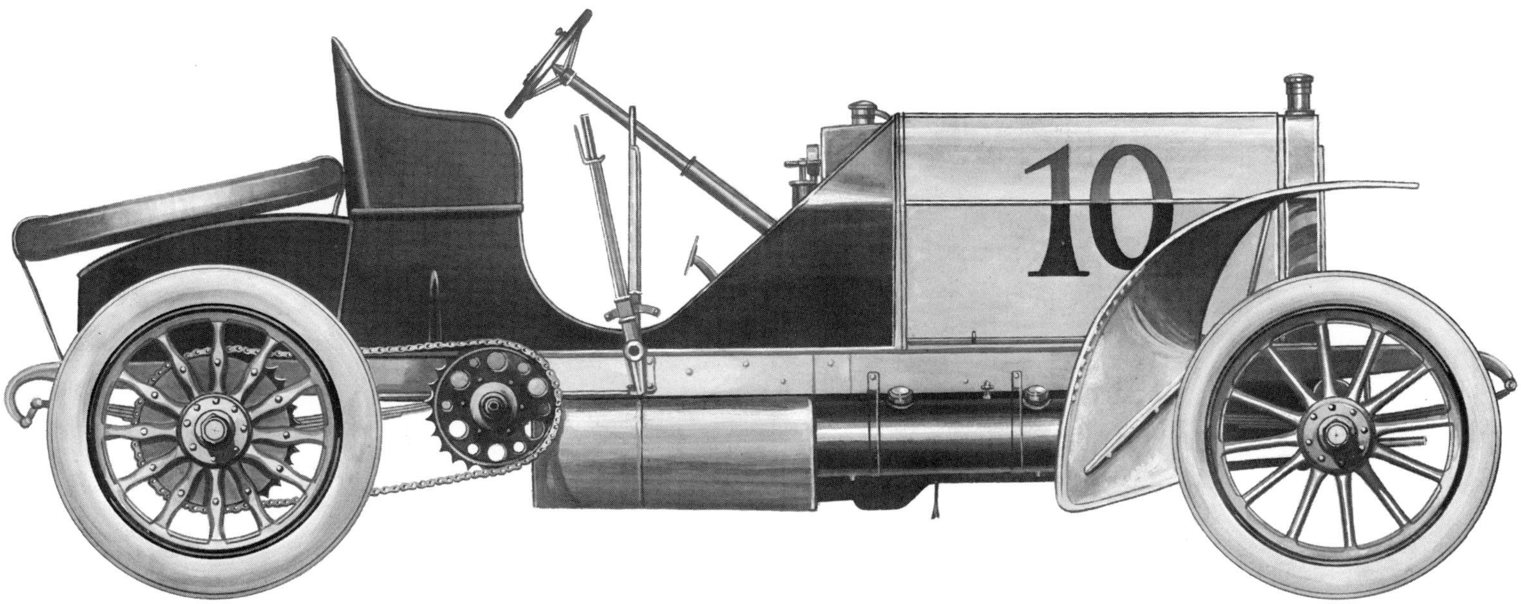

Austro-Daimler 12 Liter-Vierzylinder, 98 PS bei 1150/min

Dufaux 12,8 Liter-Achtzylinder, 90 PS bei 1200/min

F. I. A. T. 10,6 Liter-Vierzylinder, 75 PS bei 1200/min

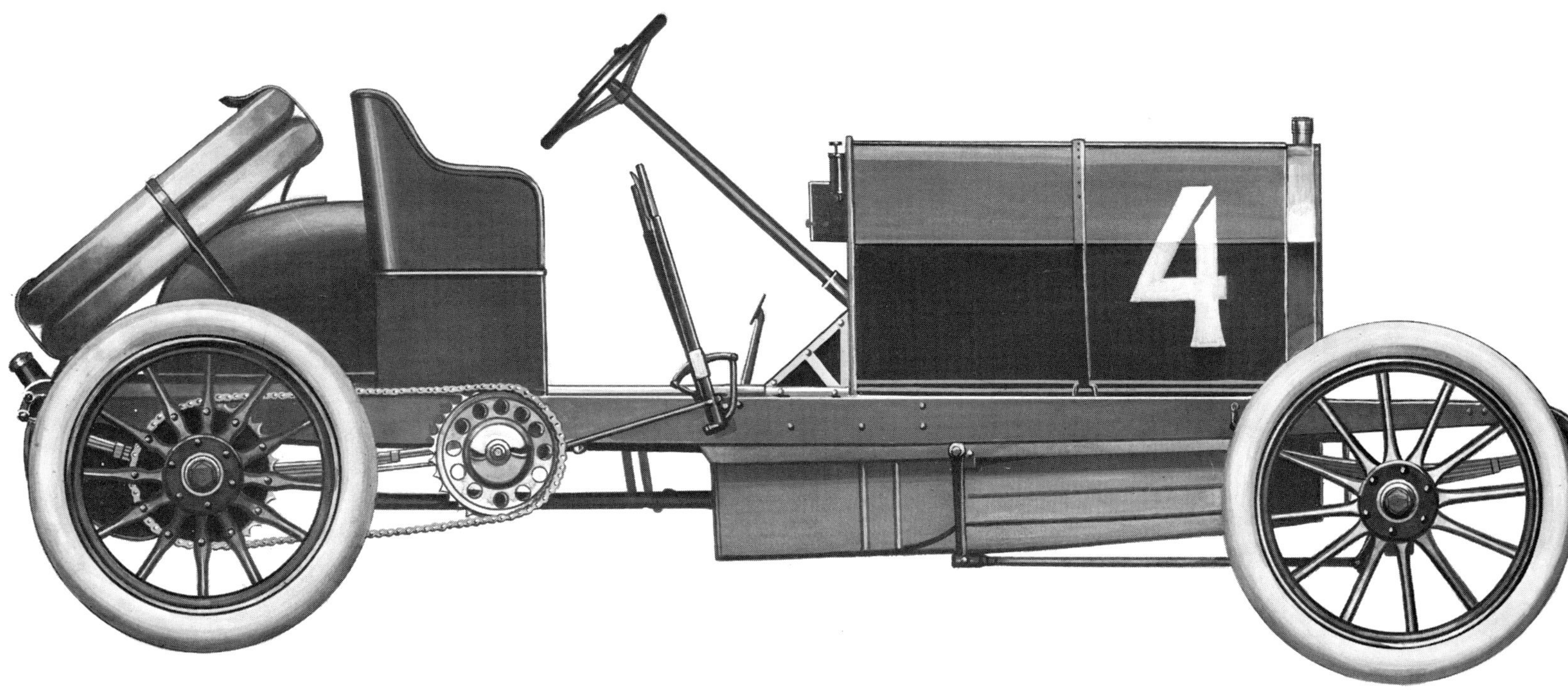

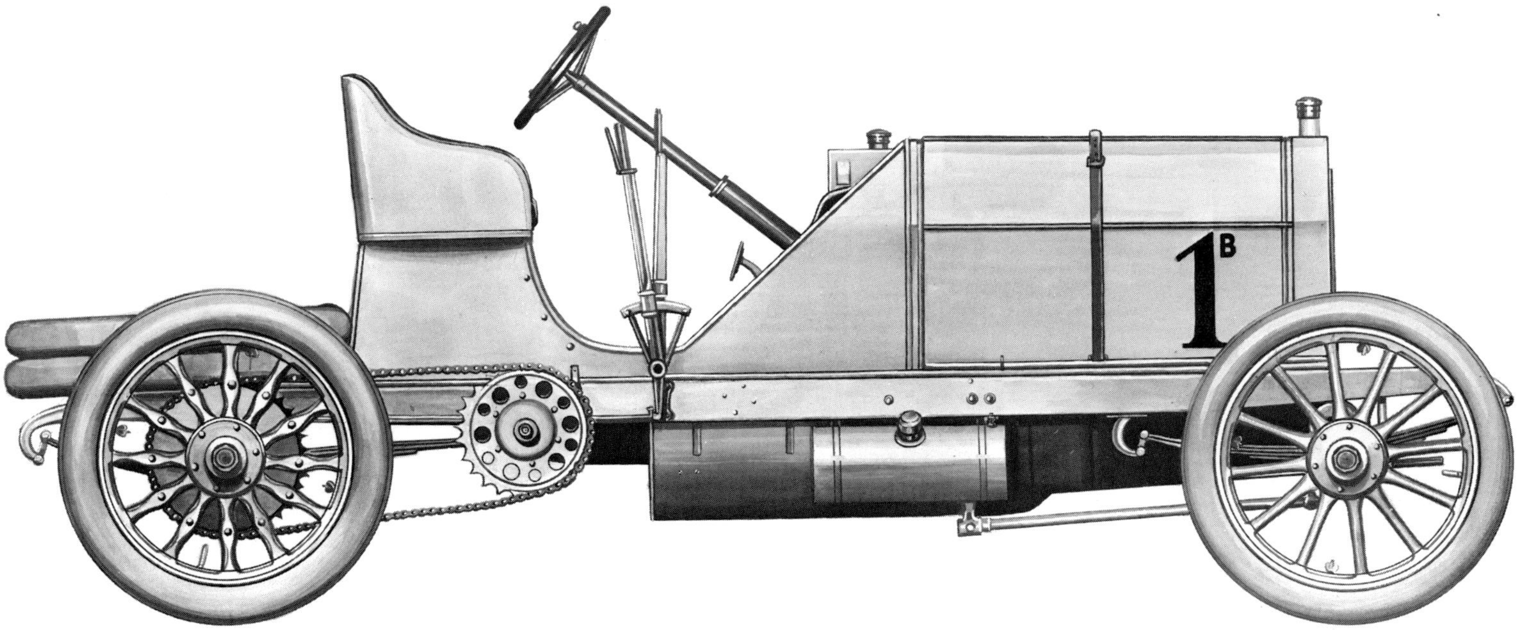

Mercedes 12 Liter-Vierzylinder, 98 PS bei 1150/min

Mors 13,6 Liter-Vierzylinder, 100 PS bei 1450/min

Napier 13,1 Liter-Vierzylinder, 100 PS bei 2000/min

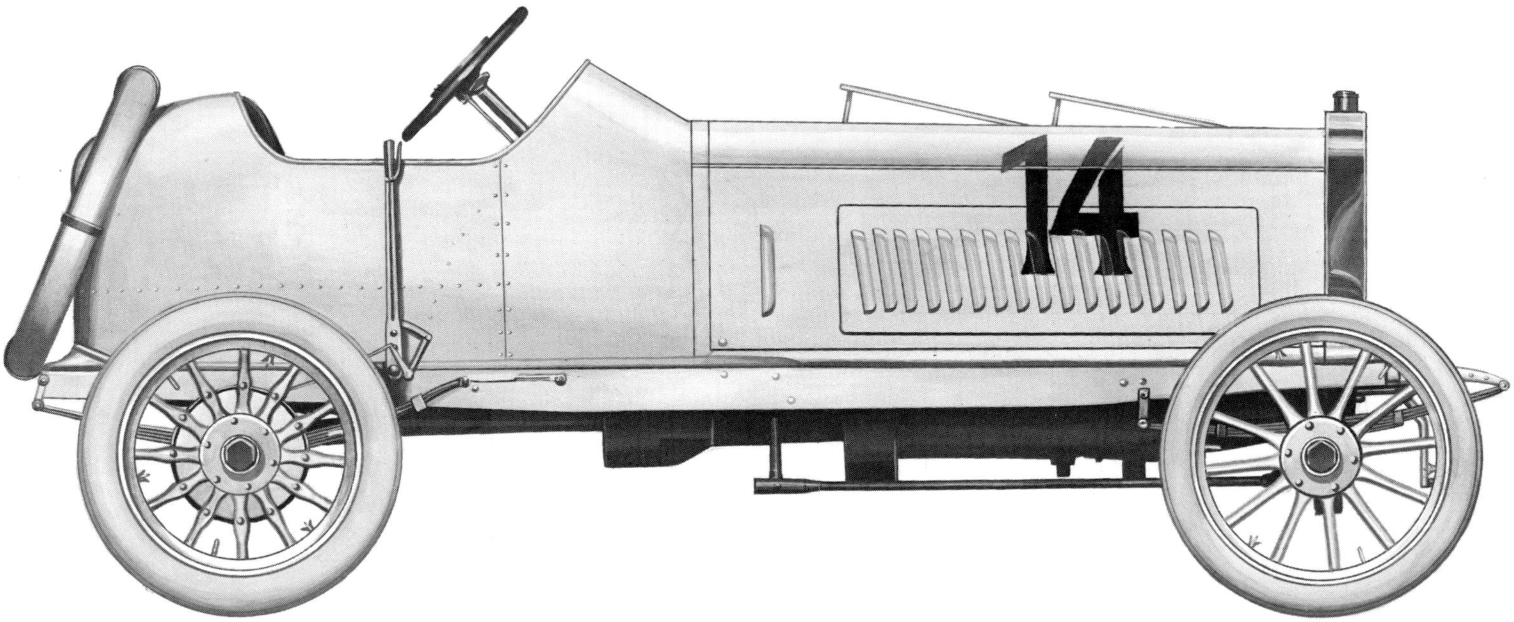

Opel-Darracq 11,3 Liter-Vierzylinder, 100 PS bei 1200/min

Pipe 13,5 Liter-Vierzylinder, 60 PS bei 1000/min

Richard-Brasier 9,8 Liter-Vierzylinder, 80 PS bei 1300/min

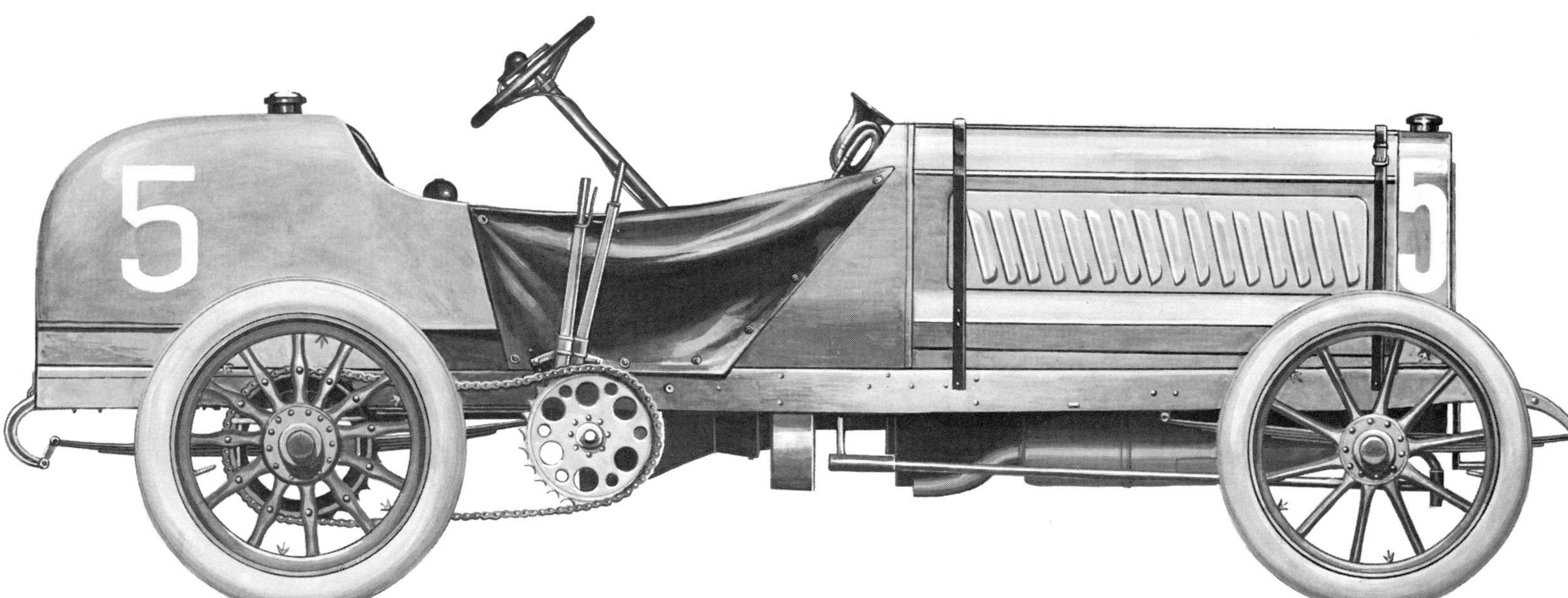

Turcat-Méry 12,9 Liter-Vierzylinder, 100 PS bei 1300/min

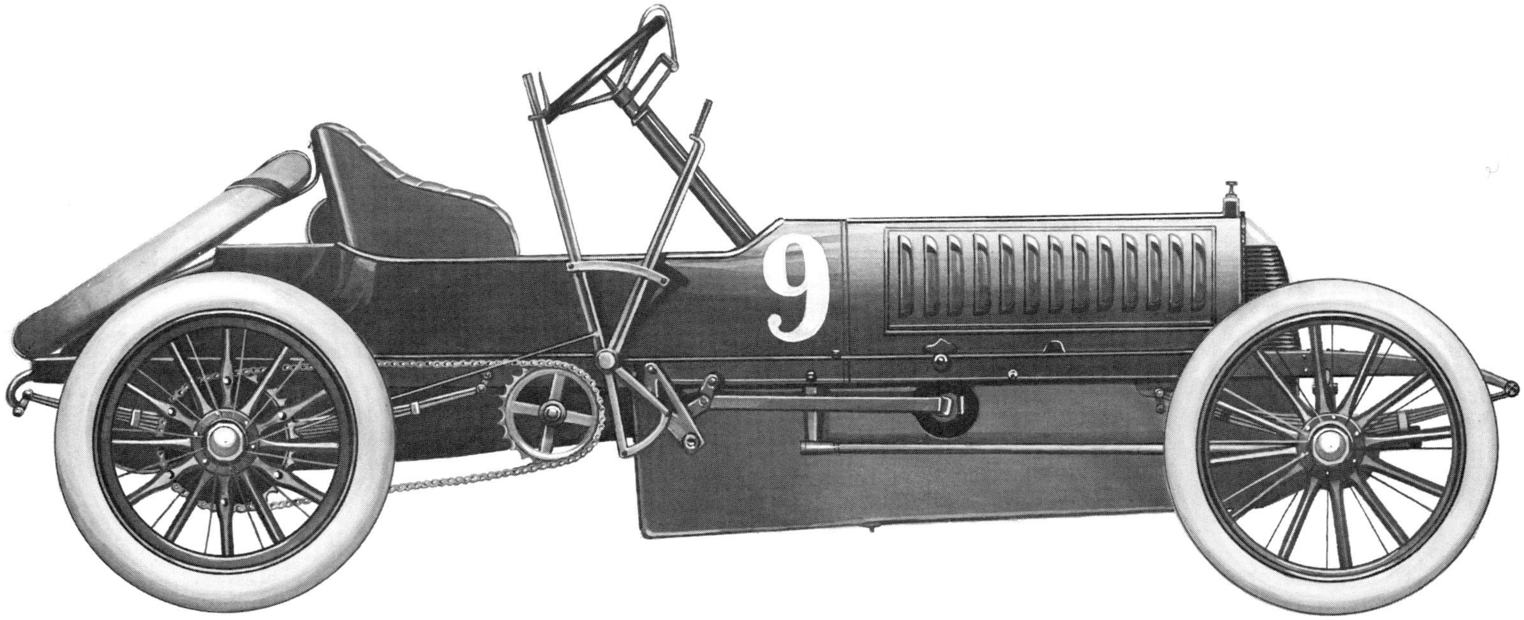

Wolseley 12,1 Liter-Vierzylinder, 72 PS bei 1150/min

Wolseley 12,1 Liter-Vierzylinder, 96 PS bei 1300/min

Fritz Opel auf Opel-Darrcq am Start

Edge mit dem Napier beim Tanken an einem Kontrollpunkt

Haupttribüne mit Kaiserloge, rechts vorn Wilhelm II., der langbärtige Herr links von ihm ist der Chevalier de Knyff im Gespräch mit Prinz Heinrich (Rücken zum Betrachter) und Funktionären

De Crawhez auf Pipe an einer Neutralisations-
kontrolle

Rechts mit Haube Théry, verdeckt hinter ihm de Knyff, links Baron de Zuylen (heller Anzug) und Edouard-Etienne Michelin

Jenatzy auf Mercedes an einer Neutralisationskontrolle

Vollgas, zirka 125 km/h: Théry mit Beifahrer Müller

Vive la France: Théry als Sieger am Ziel

Noch einmal und nie wieder

Rechtfertigung der Rennen war die Weiterentwicklung des Automobils, tatsächlich nachzuweisen. Als augenfälliges Beispiel führte »Der Motorwagen« die Erkenntnis an, »daß die Sicherheit der Lenkung durch einen größeren Radstand bedeutend erhöht wird«. Siegerwagen von 1895 waren kurze Kutschen mit zirka 1,5 Meter Radstand und ungleich großen Rädern, Siegerwagen zehn Jahre später mit 2,7 Meter Radstand langgestreckte Automobile, und die Entwicklung aller Organe war ebenso evident.

»Nur der Käufer zieht aus dem Rennen den Vorteil«, wurde dargelegt, und weiter: »Er erfährt, ob die Konstrukteure der Automobilfirma, für deren Wagen er sich entschließen will, wirklich alle Register ihres Faches beherrschen und imstande sind, den verhältnismäßig so viel leichter zu beherrschenden Gebrauchswagen spielend zu bauen, nachdem sie die Schwierigkeiten des Rennwagenbaues überwunden haben.«

Gleichwohl wurde eingeräumt, die Industrie müsse sich nur so lange durch Rennen interessant machen, »bis endlich die Ära des Nutzwagens kommt und der Konstrukteur der Notwendigkeit einer so teuren und umständlichen Reklame enthoben wird.«

Dem Gordon Bennett-Preis lag die Vorstellung zugrunde, die Teilnehmer würden auf eigenen oder von Clubfreunden zur Verfügung gestellten Wagen starten, den Fortschritt ihrer nationalen Industrie repräsentieren und vorantreiben. »Es wird immer und immer wieder passionierte Sportsleute geben, die unter Nichtachtung der Gefahr ihr Leben und ihre gesunden Glieder als Pioniere für das geliebte Fahrzeug aufs Spiel setzen«, betonte »Der Motorwagen« 1904, doch schon frühe Favoriten waren mit der Industrie verbunden, auch Gentlemen wie S. F. Edge und C. S. Rolls verknüpften Sport und Geschäft.

Den enorm gestiegenen Anforderungen und Investitionen konnten nur beste Fahrer gerecht werden. Im gleichen Atem mit dem Bekenntnis zum »passionierten Sportsmann« warb »Der Motorwagen« um Verständnis dafür, »daß der vorsichtige Fabrikant in den weitaus meisten Fällen den Professional als Fahrer dem Amateur vorzieht. Jedes Rennfahrzeug weist Neuerungen auf, die eben im Rennen erprobt werden sollen. Bewähren sie sich, so werden sie dem Tourenwagen einverleibt, führen sie aber zu Defekten, so ist eine eingehende Untersuchung der Panne an Ort und Stelle notwendig, aus der allein ein richtiges Urteil über die Ursache gewonnen werden kann und dazu ist eben nur ein Fahrer von Profession imstande. Der Fabrikant will von den enormen Kosten, die das Rennen mit sich bringt, im Falle einer Niederlage doch wenigstens den Vorteil haben, daß er dabei lernt und Erfahrungen sammelt.«

Fehlinvestitionen konnten schon in damaligem Geldwert Millionen kosten; Darracq war das Musterbeispiel nach den Debakeln in den französischen und britischen Ausscheidungen und im deutschen Rennen.

Eine große Rolle spielte auch

die Reifenindustrie; Michelin und Continental waren in den Rennen erbittert konfrontiert, Dunlop hielt sich hier zurück. Fabrikationen wurden extra für den Gordon Bennett-Preis eingerichtet, weil die Reifen aus einheimischer Produktion stammen müßten. Allein wegen Dufaux richtete Michelin eine Produktionfirma in der Schweiz ein. Michelin verlor das Austro-Daimler-Team 1904 an Continental, weil französische Ventile an den österreichischen Michelin-Reifen nachgewiesen wurden. An jeder Kontrollstation lagen Reifen bereit, und wenn es nicht regnete, war ein Spalier von Wassereimern bereitgestellt, damit der Mechaniker die Bereifung am Wagen übergießen konnte; der Kautschuk wurde bei Hitze weich.

Den Briten paßte die ganze Richtung nicht, die der Gordon Bennett-Preis genommen hatte. Nach einem Vorstoß schon 1903 beantragte Claude Johnson, der Club möge vor dem Renntag in Bad Homburg eine Konferenz verlangen, um ein total geändertes Reglement durchzusetzen. Die deutsche Zeitschrift »Automobil-Welt« zitierte kurz vor dem Taunusrennen die revolutionären Forderungen:

»Es sei anzustreben, das Rennen nicht nur als eine Geschwindigkeits- und Zuverlässigkeitsprobe, sondern auch als eine Prüfung der Leistungsfähigkeit der Motoren und Wagen zu gestatten; es sei die bei einer festgesetzten Menge Betriebsmaterial zurückgelegte Strecke zusammen mit der erzielten Geschwindigkeit für das endgültige Ergebnis in Rechnung zu ziehen.«

»Es sei wünschenswert, das Rennen für Wagen solcher Typen einzurichten, die vom Publikum für gewöhnliche Tourenzwecke benötigt werden; dabei sollen die zugelassenen Wagen die Sicherheit bieten, daß das Rennen mit mäßiger Geschwindigkeit, die weder Gefahr noch hohe Ausgaben für die Sicherung nötig macht, ausgefahren wird.«

»Es sei wünschenswert, das Rennen über verschiedene Tage nach Art der Tour de France auszudehnen, damit der Zufall möglichst ausgeschlossen werde. Die Anzahl der Wagen, mit der sich ein Land vertreten läßt, soll durch die Anzahl der Wagen, die in den Auswahlrennen des beteiligten Landes gewisse Bedingungen erfüllen, bestimmt werden.«

Die Gesamtdistanz sollte 600 Meilen (1610 Kilometer) betragen, an zehn Tagen zu fahren. Für jede Tagestour, 160 Kilometer, sollte der Tank mit einer »näher zu bestimmenden Menge« Kraftstoff gefüllt und versiegelt werden, »und der Wagen läuft, bis der Betriebsstoff aufgebraucht ist«. Wenn er weniger als 120 Kilometer (75 Meilen) zurücklegte oder weniger als 32 km/h (20 mph) erreichte, sollte er ausscheiden. »Der Wagen, der die meisten Punkte in den sechs Tagen gewinnt, hat gesiegt.«

Die Redaktion der »Automobil-Welt« stimmte zu, einerseits: »Mit dem Prinzip. . . können wir uns einverstanden erklären. Denn wir dürfen behaupten, daß die Geschwindigkeits-Rennen ihre Aufgabe erfüllt haben und für die Weiterentwicklung der Autotechnik nicht mehr die Bedeutung haben wie früher. Die Geschwindigkeitsleistung der Automobile ist so hoch gesteigert worden, daß sie die praktisch zulässige Grenze weit überschritten hat und ein weiterer Fortschritt in dieser Richtung hat nur noch Bedeutung für den Rekordmann, der in diesem Rekord den einzigen Zweck sieht. Für das andere große Ziel der Autotechnik, für die Zuverlässigkeit, ist ein Geschwindigkeitsrennen nicht unbedingt wertvoll, weil der Rennwagen als solcher und nicht für die Tour, für die praktische Verwendung gebaut wird. . . Die im Rennen gewonnene Erfahrung muß für diesen Zweck erst umgestaltet und daher in neuer Form aufs neue in einer Probefahrt geprüft werden.«

Doch andererseits, vom »rein sportlichen Standpunkt«, gewann die Sache ein anderes Ansehen: »Eine Zuverlässigkeitsfahrt ist ein technischer, kein sportlicher Bewerb und damit verengt sich der Kreis der Interessenten auf ein erheblich vermindertes

CIRCUIT D'AUVERGNE — COUPE GORDON-BENNETT 1905

Bibendum conduit à la victoire les voitures munies de ses pneus
Les 4 premières voitures arrivées étaient sur Pneus Michelin.

BIBENDUM AU RESTAURANT DE LASCHAMP

BIBENDUM : *Régalez-vous.. mes amis.. c'est ma tournée.. non, c'est mon Circuit!*

Michelin-Werbung: Oben „Bibendum" als Siegesgarant der vier erstplazierten Wagen, unten die Werbefigur in ihrer namengebenden Funktion; Bibendum bedeutet „laßt uns trinken" — nämlich Nägel und Glasscherben, denen die Konkurrenten schmählich erliegen.

Maß.« Für das Publikum seien die mehrtägige Prüfung mit mühsam errechnetem Ergebnis ausgesprochen langweilig. »Die Folge wäre, daß das Gordon Bennett-Rennen in der neuen Folge die gute Wirkung verlöre, das Automobil zu popularisieren.«

Und bei den »Autosportsmännern« könne ein Rennen, »bei dem die Lust an der Geschwindigkeit und an dem Überholen des Mitbewerbers nicht ihre Rechnung findet, keinen großen Anklang finden. Für sie ist das nicht Sport, sondern Fabrikarbeit. Erlischt aber bei diesen Herrenfahrern das Interesse, so kühlt es sich auch bei der Sport-Gesellschaft ab und also bei dem, was wir schlechthin ‚Gesellschaft' nennen. Nun wissen wir aber, daß das Automobil durch eben dieses Interesse der Gesellschaft groß geworden ist, und wir dürfen annehmen, daß es dieses Interesse auch noch für Jahre hinaus nötig hat.«

Die Briten machten aus Johnsons Reformkonzept keine offizielle Intervention, doch es führte zur ersten Tourist Trophy auf der Insel Man im September 1905, ausgeschrieben als Tourenwagenwettbewerb mit Verbrauchslimit. 44 Wagen wurden gemeldet, der Sieger fuhr 54,39 km/h Durchschnitt über die Distanz von 334,73 Kilometer in Runden à 83,64 Kilometer.

Es kriselte um den Gordon Bennett-Preis, vor allem seitens der Franzosen, denen es am wenigsten paßte, daß jede Nation nur mit drei Wagen teilnehmen konnte, unabhängig von der Zahl ihrer Fabrikate. Keinesfalls aber konnten sie auf ein großes Rennen verzichten. Nicht nur im Taunus hatte 1904 ein französischer Wagen gewonnen. Auf Panhard & Levassor gelang Heath und Teste der Doppelsieg im belgischen Ardennen-Rennen, Heath siegte auch beim neuen Vanderbilt-Cup in den USA vor Clément auf Clément-Bayard. Nur bei einem der vier großen Rennen des Jahres hatte es nicht für den französischen Sieg gereicht; die Coppa Florio auf dem Rundkurs Brescia – Cremona – Mantua – Brescia (nicht zu verwechseln mit der ab 1906 ausgetragenen Targa Florio auf Sizilien) hatte Lancia auf F.I.A.T. und 42 Sekunden vor Teste auf Panhard & Levassor gewonnen.

Umstritten war allgemein das 1000 Kilogramm-Gewichtslimit (mit Toleranz bis 1007 kg). Es hatte ungeahnt starke Wagen erlaubt und machte für 1905 noch stärkere möglich. Nicht nur die Briten dachten an Alternativen, und der Reifenservice entsprach ebensowenig der Realität des Autofahrens. Der Marquis de Dion schlug vor, jeder Wagen sollte nur mit je zwei Reifen und Schläuchen ausgerüstet werden, weder Ersatz noch Helfer dürften zur Verfügung stehen, doch so wäre das Durchkommen allzusehr Glückssache gewesen.

Es gab noch mehr Kontroversen; nicht zuletzt um die Strecke, für die sich die Franzosen entschieden. Den kaiserlichen Pomp konnten und wollten sie nicht nachvollziehen, aber sie suchten zunächst einen Kurs mit einer attraktiven Stadt à la Homburg. Vichy, Pau, Aix-les-Bains wurden erwogen. André Michelin, Reifenkönig zusammen mit seinem Bruder Edouard-Etienne, wußte eine Rundstrecke in der Auvergne zu suggerieren, nicht von ungefähr nah bei Clermont-Ferrand, dem Sitz seiner Firma. Die Stadt stiftete einen Kostenbeitrag, und die Entscheidung fiel im Sinne von Michelin.

Die Gegend war ärmlich, ein ironischer Brite nannte sie »praktisch eine Wüste«, und C. S. Rolls zählte 177 scharfe Kurven pro Runde; 137,5 Kilometer waren viermal zu durchfahren, Gesamtdistanz 550 Kilometer. Kein gerades Stück war länger als vier Kilometer, »The Car Illustrated« verglich die Strecke mit einer Achterbahn, »sie dreht und windet sich beim fortwährenden Auf und Ab«. Um so wichtiger war Streckenkenntnis durch Training.

Renntag für den Gordon Bennett-Preis war der 5. Juli 1905. Die Franzosen verhalfen ihren Leuten zu Erfahrung durch ihr Ausscheidungsrennen am 16. Juni. Erst am 18. Juni gaben sie die Strecke für Konkurrenten frei, doch nicht mit allen Sicherungsmaßnahmen wie bei ihrer Generalprobe.

Nicht nur dies sorgte für Verärgerung. Anfang 1905 hatten die Franzosen urplötzlich angekündigt, sie würden den Gordon Bennett-Preis in einen Grand Prix einfügen, ein Rennen der Fabrikate, wobei die Teilnahme rationiert werden sollte: 18 französische Wagen (je 3 von 6 Fabrikaten) anhand der Plazierung im Ausscheidungsrennen, je 6 Wagen aus Deutschland und Großbritannien, je 3 aus Belgien, Italien, Österreich, der Schweiz und den USA. Ein Nenngeld sollte erhoben werden, und wer es nicht zahlen wollte, wurde in die Gordon Bennett-Wertung verwiesen.

Das ließen sich die Konkurrenten nicht bieten. Belgien forderte, den Grand Prix und den Gordon Bennett-Preis an aufeinanderfolgenden Tagen zu veranstalten. Schließlich mußten die Franzosen ihren Plan begraben; es gab auch Gegenstimmen im eigenen Lager ob des unverfrorenen Waltens der Instustrie im Sport.

Im Führungsgremium des Automobilclubs von Frankreich fiel die entscheidende Abstimmung gegen die Teilnahme im nächsten Jahr so aus: 23 gegen 14 Stimmen, sechs leere Wahlzettel und eine Enthaltung. Das Unbehagen war deutlich, der Gordon Bennett-Preis jedoch nicht mehr zu retten.

Vergebens war an James Gordon Bennett appelliert worden. Schon am 29. Januar hatte der »New York Herald« bitter erkannt, den französischen Fabrikanten sei es gelungen, »den Automobilclub von Frankreich so zu beeinflussen, daß aus dem rein sportlichen Ereignis eine kommerzielle Veranstaltung wird.«

Zuvor schon hatte sich der Gordon Bennett-Preis unaufhaltsam in eine kommerzielle Veranstaltung verwandelt, doch Sport blieb Sport für Fahrer und Wagen.

Trotz der Querelen war das Gordon Bennett-Rennen 1905 noch einmal ein großer internationaler Wettbewerb. Deutschland, Frankreich, Großbritannien, Italien, Österreich und die USA meldeten je drei Wagen.

Belgien hatte seine Teilnahme von der Austragung des Grand Prix an einem anderen Tag abhängig gemacht. Als der Konflikt beigelegt war, stellten sich die Franzosen auf den Standpunkt, die belgische Nennung mit Vorbehalt sei nicht gültig. Die Belgier hatten damit den Meldetermin für den Gordon Bennett-Preis formell verpaßt und wurden nicht zugelassen.

Ausscheidungen

Ungeachtet der Kontroverse hatten die Franzosen die Vorbereitung des Rennens nicht vernachlässigt. Im Gegenteil lag ihnen daran, dem fürs nächste Jahr geplanten Grand Prix ein Musterbeispiel für beste Organisation voranzustellen. Auch sollte niemand behaupten dürfen, die Deutschen hätten es 1904 besser gekonnt.

Beträchtliche finanzielle Mittel wurden mobilisiert. Der Automobilclub der Auvergne beaufsichtigte eifrig die monatelangen Arbeiten an der Strecke: Verbreiterungen und Ausbesserungen der Piste, Ausbau von Kurven, kräftige Holzpalisaden beiderseits in den Ortsdurchfahrten, Überbrückung von drei Bahnübergängen, Fußgängerbrücken, am Startplatz eine Tribüne für 4000 Zuschauer, Telefone, Telegrafen. Gegen den Staub wurde anstelle von Westrumit ein neues Bindemittel auf der ganzen Strecke eingesetzt: Pulveranto. Es stank nicht so penetrant wie die Petroleum-Ammoniak-Mixtur, war aber weniger wirksam und erwies sich im aufgewirbelten Staub als Augenplage.

Schon im April erschienen Fahrer, die für das französische Ausscheidungsrennen trainierten. Empörung in der Bevölkerung eskalierte bis zu Sabotageakten. Heath, der Sieger beim Vanderbilt Cup im Vorjahr, soll ein Kind tödlich überfahren haben, wird in einem Bericht beiläufig notiert.

Vom Startplatz bei Laschamps am Vulkanberg Puy de Dome führte die Strecke im Uhrzeigersinn über Rochefort – Laqueuille – Bourg – Lastic – Herment – Sauvagnat – Goutelle – Pontgibaud – Vauriat – Sayat – la Baraque.

Mit Stopstellen wurde wie üblich die Zahl der stets gefährlichen Überholvorgänge reduziert, das Ablaufen war jedoch zügiger als bisher. Dank der Sicherheitszäune innerorts erübrigten sich neutralisierte Passagen. Mit Intervallen von 4 Minuten wurde gestartet. Nur in Rochefort – Montagne mußte jeder Fahrer unbedingt anhalten, es wurde mit einem Kontrollzettel quittiert. In Laqueuville und Pontgibaud hielten Kontrolleure nur die Fahrer an, die um weniger als drei Minuten hinter dem Vordermann lagen.

Das Ausscheidungsrennen wurde groß aufgezogen; es war der verhinderte Grand Prix, beschränkt auf den nationalen Rahmen. Sonderzüge brachten Zuschauer in Massen heran, Polizei und Militär sicherte die Strecke. Die meisten Teilnehmer am Gordon Bennett-Rennen 19 Tage später waren auch schon da, man klagte allgemein über unzureichende Unterkünfte; noch nie hatte es in der Auvergne einen solchen Ansturm gegeben.

Wie im Vorjahr waren 10 französische Fabrikate am Start, aber nicht mehr ganz die gleichen. Mors, Serpollet und Turcat-Méry hatte keine Nennungen abgegeben, Automoto, CGV und Renault glichen es aus, 24 statt 29 Wagen kamen zusammen.

In den frühen Morgenstunden des 16. Juni verteilte sich das Publikum, laut Chronik »erwartungsvoll in Jahrmarktsstimmung«, an der Strecke. Die Wagen formierten sich zur Startfolge, Schall und Rauch waren ungeheuer. Um Punkt sechs Uhr begann das Rennen, die Tribü-

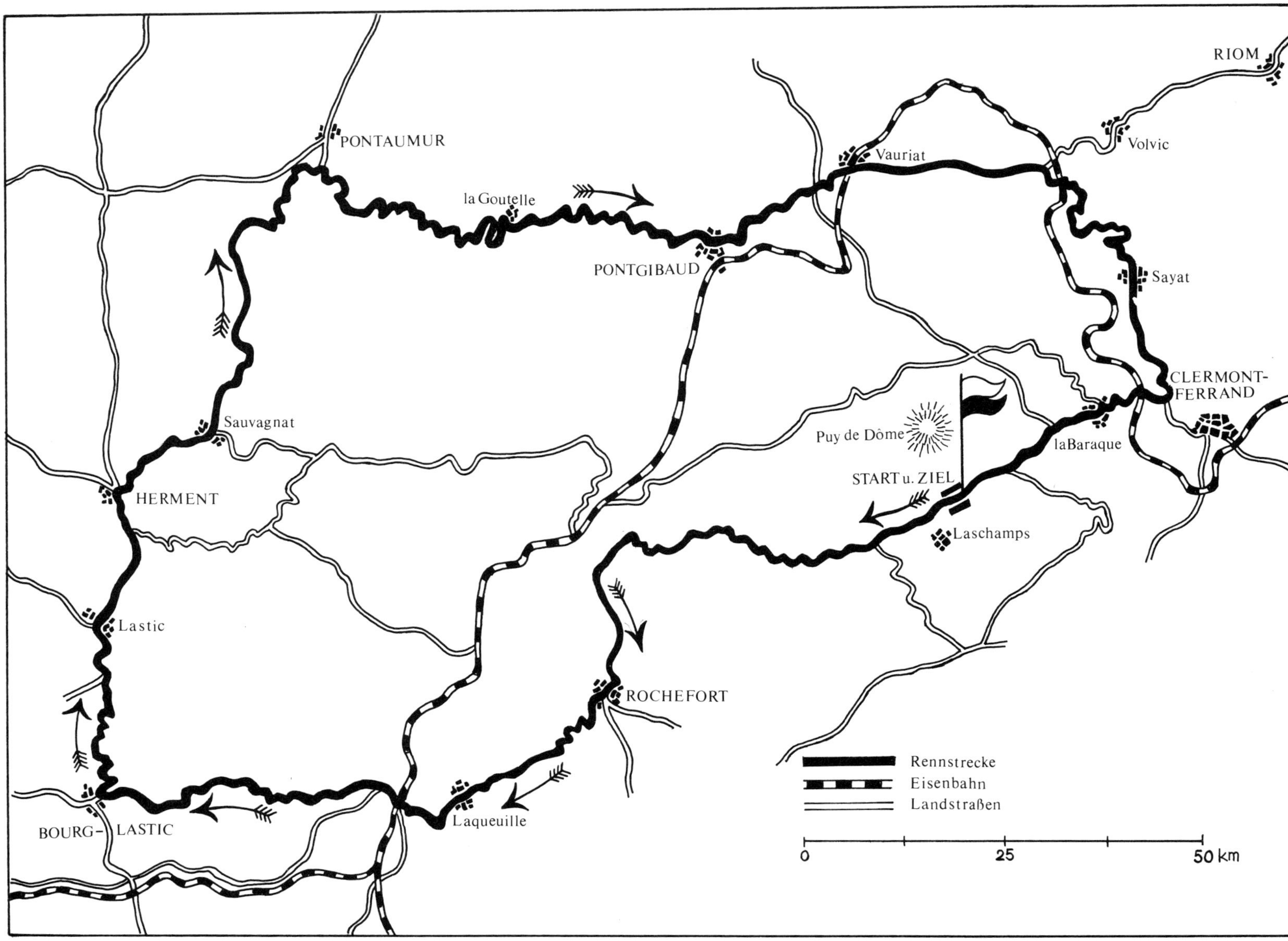

Gordon Bennett-Rennen, Circuit d'Auvergne, 1905

nen waren mit Fahnenreihen festlich dekoriert, die Musik schmetterte, Funktionäre und ihre Freunde wimmelten herum. Alle vier Minuten fuhr ein Wagen los; das dauerte bis 7.32 Uhr.

Die Reihenfolge war durch Auslosung bestimmt; der Vorjahressieger im Gordon Bennett-Preis kam an die Spitze – wohl nicht ehrenhalber, denn der erste Fahrer mußte am ehesten mit Mängeln der Streckensicherung rechnen: Théry auf Richard-Brasier – Szisz auf Renault – Girardot auf C.G.V. – Clément auf Clément-Bayard – Le Blon auf Hotchkiss – Lapertot auf Automoto – Gabriel auf De Dietrich – Hémery auf Darracq – Heath auf Panhard & Levassor – Rigolly auf Gobron-Brillié – Caillois auf Richard-Brasier – Edmond auf Renault – Hanriot auf Clément-Bayard – Fournier auf Hotchkiss – Rougier auf De Dietrich – Wagner auf Darracq – Teste auf Panhard & Levassor – Stead auf Richard-Brasier –

Bernin auf Renault – Villemain auf Clément-Bayard – Lavergne auf Hotchkiss – Duray auf De Dietrich – de la Touloubre auf Darracq – Henri Farman auf Panhard & Levassor.

Schon die Fülle macht klar, daß die Zuschauer auf ihre Kosten kamen. Automoto und Gobron-Brillié hatten nur jeweils den einen Fahrer gemeldet, alle anderen Fabrikate je drei. Edmond auf Renault verlor am Start fast eine Viertelstunde.

Alle Teilnehmer vollendeten die erste Runde, Wagner auf Darracq siegte mit 81,95 km/h vor Théry und Stead auf Richard-Brasier.

In der zweiten Runde flog der Panhard & Levassor von Farman aus einer der schlimmsten Kurven und zerschellte in einem Abgrund, Fahrer und Mechaniker wurden von einem Baum aufgefangen und nur leicht verletzt. Stead verlor eine Stunde, nachdem sein Mantel, den er als Sitzkissen benutzte, in die Hinterachskette geriet und das Kettenrad beschädigte. Clément-Bayard) und Bernin (Renault) mußten mit dampfenden Kühlern aufgeben. Théry (Richard-Brasier) gewann die zweite Runde mit 81,165 km/h vor Wagner (Darracq) und Caillois (Richard-Brasier).

In der dritten Runde platzten am C.G.V. von Girardot zwei Reifen fast gleichzeitig auf einer der schnellsten Geraden bei Sayat, ein Reifen geriet irgendwie in die Lenkung, der Wagen schleuderte gegen einen Telegrafenmast und blieb schwer beschädigt liegen, auch bei diesem Unfall kamen Fahrer und

Francois (Ferencz) Szisz

Victor Héméry

Louis Wagner

Arthur Duray

Mechaniker mit leichten Verletzungen davon. Das Trio an der Spitze verlor Zeit durch Reifenpannen, doch nur 75,05 km/h genügten für den Rundensieg von Wagner (Darracq) vor Théry (Richard-Brasier) und Duray (De Dietrich), der in der Gesamtzeit jetzt um 9 Minuten vor Caillois (Richard-Brasier) lag. Sie waren jetzt zirka fünfeinhalb Stunden unterwegs, eine enorme Strapaze.

In der vierten Runde mehrten sich die Reifenpannen, und dicke Staubwolken lagen auf der Strecke, das trügerische Bindemittel Pulveranto wirbelte mit. Wagner hatte besonderes Pech mit den Reifen, Caillois und Duray konnten vor ihn rücken. Unter der übrigen Fahrern gab es beträchtliche Platzwechsel während des ganzen Rennens und am Ziel stand fest, wer Frankreich im Gordon Bennett-Preis vertreten würde: Théry gewann die Runde mit 82,155 km/h und das Ausscheidungsrennen mit 72,555 km/h für Richard-Brasier. Er war 7 Stunden, 34 Minuten und 49 Sekunden unterwegs, sein Teamgefährte Caillois um neuneinhalb Minuten dahinter, eineinhalb Minuten vor Duray auf De Dietrich.

Die Briten veranstalteten wieder ihre Ausscheidung auf der Insel Man. Diesmal ging es ohne Sondergenehmigung im Rahmen der Tourist Trophy für Motorräder, doch mit polizeilichen Auflagen. Jarrotts Mechaniker Bianchi, jetzt Wolseley-Werksfahrer, holte sich beim wilden Trainieren eine Geldstrafe, der Club verdonnerte ihn zu einem Monat Fahrverbot; wohlweislich endete es drei Tage vor der Entscheidung am 30. Mai 1905. Die Polizei stoppte alle Wagen im Rennen, wenn einer liegen blieb, was prompt passierte. Die Presse war sauer wegen schlechter Transport- und Unterkunftsverhältnisse, und die Wagen sorgten für Irritationen.

Der Sechszylinder-Napier mit 15 Litern Hubraum, den S. F. Edge auf dem Homburger Kurs 1904 probeweise gefahren hatte, war als Tourer mit Zweiganggetriebe konzipiert. Montague Napier mochte das nicht ändern. Arthur Macdonald erschien mit einem der Wagen, war Schnellster bei der Geschwindigkeitsprüfung mit 142 km/h, fiel aber durch Defekte beim Ausscheidungsrennen aus. Kein Glück hatte einmal mehr auch ein Weir-Darracq, zwei neue Wagen von Star à la Mercedes kamen nicht über die sechs Runden, ebenso Cecil Edge mit dem Napier, den S. F. Edge schon 1903 und 1904 gefahren hatte.

Das Ziel erreichten nur Arthur Clifford Earp auf einem Vorjahres-Napier und Cecil Bianchi auf einem neuen Wolseley. Nur fünf Runden hatte C. S. Rolls auf dem bisherigen Wolseley hinter sich gebracht, aber in der Bergprüfung eine Bestzeit gefahren. In der Gesamtwertung aller solcher Wettbewerbe wurde ihm zugute geschrieben, daß er wegen einem Hund in einer gewerteten Bergstrecke auskuppeln mußte und wegen einem anderen Hund aus einer Kurve geriet. Obwohl er die Stopsignale der Polizei ignorierte, hatte er nur 56,9 km/h Durchschnitt erreicht. Earp siegte mit 79,69 km/h vor Bianchi mit 76,15 km/h. Rolls wurde der dritte Platz zuerkannt und damit die Nominierung fürs Gordon Bennett-Rennen.

In Deutschland, Österreich und Italien kamen keine Ausscheidungen in Frage, nur Entscheidungen. Mercedes wählte Jenatzy, de Caters und Werner, der Österreichischen Daimler Motoren AG wurden Braun und Hieronymus zugewiesen, dazu kam ein in Frankreich lebender Brite, J. T. Burton-Alexander, der unter dem Pseudonym Alexander Burton fuhr; er war im Vorjahr bei den französischen Ausscheidungen auf einem Gobron-Brillié durch Kühlerdefekt ausgefallen. In den Annalen großer Rennen ist er nicht zu finden, doch das galt für viele gute Fahrer der französischen Szene.

Für Italien in Gestalt der F.I.A.T. rückte Felice Nazzaro neben Lancia und Cagno ins Team ein. Der Sohn eines Kohlenhändlers in Turin, geboren 1881, war als Rennmechaniker ans Lenkrad gekommen, Schüler von Lancia, wie dieser mit musi-

Felice Nazzaro

kalischem Gehör für die Maschine, sehr schnell und dabei besonnen.

Der Automobilclub von Amerika war fest entschlossen, diesmal kein blamables Abenteuer zu riskieren. Ein stolzer Erfolg gab Anlaß zu Selbstvertrauen. Was sich Alexander Winton 1899 dachte, als er Fernand Charron zu einem Duell auf der Piste herausforderte, hatte im Oktober 1904 stattgefunden: Amerika in Gestalt von Barney Oldfield auf dem Peerless triumphierte über den französischen Champion Théry auf dem Richard-Brasier.

Bis Mitte Dezember 1904 mußten die Wagen für das Gordon Bennett-Rennen beim Club gemeldet werden, und vor der Ausscheidung vier Monate später war nachzuweisen, daß kein unerprobter Wagen in die Ausscheidung kam.

Wohlweislich forderte das Reglement für die amerikanische Ausscheidung, jeder Wagen müsse zum Stichtag am 11. Juni 1905 seit mindestens vier Wochen fahrbereit sein und 1610 Kilometer (1000 Meilen) zurückgelegt haben, davon zirka 400 Kilometer (250 Meilen) ohne Abstellen des Motors; mindestens 64 km/h Durchschnitt sollten zugesichert werden.

Das Echo war minimal, in Europa winkte kein Geschäft. Ahnungsvoll hatte sich die Auswahlkommission nicht auf die Kriterien festgelegt. Pope-Toledo in Toledo, Ohio, führte nah bei der Fabrik zwei Wagen vor, hin und her auf 7 Kilometern. Der Fahrer H. H. Lytle absolvierte hier 277 Kilometer mit 72,45 km/h Durchschnitt, Albert Dingley kam bis zu einem Ventilbruch 129 Kilometer weit. Dem Kommissar schien es zu genügen, die Wagen wurden nach Europa verschifft, der Club aber zog dort noch einen Gutachter heran: Clarence Gray Dinsmore, mit dessen Mercedes Jenatzy 1903 gesiegt hatte, fand Wagen und Fahrer geeignet, sie wurden für das Gordon Bennett-Rennen nominiert.

Auch den dritten Wagen des amerikanischen Teams beurteilte ein Millionär, der rennerfahrene W. K. Vanderbilt. Besitzer war Doktor H. E. Thomas, ein großer Kunde bei Locomobile in Bridgeport, Connecticut, wo er das Gordon Bennett-Auto bauen ließ. Die Firma war von dem anspruchsvollen Auftrag keineswegs begeistert, entwickelte eine Konstruktion nach Mercedes-Muster und schrieb dem Doktor 18 000 Dollar auf die Rechnung. Auf einer 48 Kilometer-Strecke bei Garden City, Long Island, rannte der Locomobile mit dem 90 PS-Mercedes von Vanderbilt um die Wette und durfte das Gordon Bennett-Team komplettieren, gefahren von Joe Tracy.

Der Peerless von Barney Oldfield war mehr Rekord- als Rennwagen; Barney verdiente sein Geld damit wie ein reisender Artist, und Chefingenieur Mooers kannte die europäische Konkurrenz nach seinen Erfahrungen so gut, daß er Peerless heraushielt.

Frédéric Dufaux

Zwei Dufaux-Wagen sollten die Schweiz vertreten. Neben dem Achtzylinder, der 1904 vor dem Start ausfiel, wurde ein gewaltiger 26,4 Liter-Vierzylinder mit voraussichtlich 150 PS angekündigt. Die Brüder Dufaux gerieten jedoch in Streit mit dem Automobilclub der Schweiz, der nach ihrer Auffassung die Kosten für die Nennung tragen mußte. Er tat es nicht, und kein Dufaux erschien in der Auvergne. Wie im Vorjahr waren 18 Wagen am Start.

1905: Das sechste Rennen

Der 5. Juli war ein Mittwoch, am Vortag wurden die Wagen gewogen, alle hielten das Limit von 1000 Kilogramm ein (+ 7 kg für den Zündmagneten). Einige Proteste wurden beigelegt – die Franzosen hatten plötzlich bei Mercedes den Auspufftopf vermißt, der aber nicht vorgeschrieben war, und die Italiener konnten die Herkunft ihrer Michelins nicht nachweisen. Kurz danach ging ein schweres Unwetter nieder, doch die Streckenwärter und die Soldaten aus acht Regimentern beseitigten schnell die Folgen auf der Strecke; Baulichkeiten, Zelte und Dekorationen wurden arg ramponiert. Die Pulveranto-Wagen mit ihren Besen breiteten den Staubbinder auf der abgetrockneten Strecke aus, am Renntag schien die Sonne.

Die Sonderzüge trafen in Clermont-Ferrand ein, ungezählte Automobile, Motor- und Fahrräder. Gut 80 000 Zuschauer verteilten sich in den frühen Morgenstunden an der Strecke. Das französische Ausscheidungsrennen hatte dem Interesse keinen Abbruch getan, der Gordon Bennett-Preis war das Ereignis fürs internationale Publikum.

Um 5 Uhr morgens mußten die Wagen in Startordnung stehen, um 5.45 Uhr waren alle Kontrollen besetzt, die Gendarmerie verwies alle Zuschauer- und Bauernfahrzeuge von der Strecke. Um 6 Uhr wurde pünktlich der erste Wagen gestartet, die weiteren folgten in Abständen von 5 Minuten.

Es herrschte beste Stimmung, nur nicht bei der Presse, die einmal mehr trotz ihrer offiziellen Ausweise kein polizeiliches Verständnis fand. Die Ausländer bemängelten das Ambiente mit den knappen Unterkünften und simplen Tribünen voller Reklame; in Deutschland war alles viel schöner gewesen und jede Werbung am Kurs entsprechend der Gordon Bennett-Regel verboten.

Sofern es die kurzen Geraden erlaubten, konnten die schnellsten Wagen in diesem Jahr 160 km/h erreichen. Die Mercedes waren besonders lang mit 2,96 Meter Radstand und breit mit 1,41 Meter Spur, etwas vorderlastig, für den kurvigen Kurs nicht ideal bemessen, und die Achslast vorn war relativ hoch mit Rückwirkung auf Reifenverschleiß und Lenkbarkeit. Bei den F.I.A.T. und De Dietrich betrugen diese Maße 2,85 und 1,35, bei den anderen Wagen zirka 2,7 und 1,4 Meter.

Die Hauptdaten, Hubraum abgerundet: De Dietrich 17 Liter, 130 PS bei 1250/min, 4 Gänge – F.I.A.T. 16,3 Liter, 110 PS bei 1100/min, 4 Gänge – Locomobile 17,7 Liter, 90 PS, 4 Gänge – Mercedes und Austro-Daimler 14 Liter, 115 PS bei 1200/min, 4 Gänge – Napier 13,7 Liter, 80 PS bei 1200/min, 3 Gänge – Pope-Toledo, 8,6 Liter, 70 PS bei 1300/min, 2 Gänge – Richard-Brasier 11,3 Liter, 96 PS bei 1200/min, 3 Gänge – Wolseley 12,5 Liter, 96 PS bei 1000/min, 4 Gänge. Beim Mercedes waren es eher 120 PS, für den Napier wurden auch 13 Liter angegeben.

Es ist behauptet worden, Napier habe den Sechszylinder eingesetzt. Möglicherweise geschah es wieder im Training. Französische Chroniken vermerken fürs Rennen den Vierzylinder, den Earp bei der Ausscheidung fuhr. Bei De Dietrich, F.I.A.T., Mercedes/Austro-Daimler und Napier waren die Ventile wechselgesteuert, Einlaß über Auslaß. Bei Pope-Toledo und Wolseley schnüffelten die Ansaugventile noch automatisch.

Théry auf Napier startete um 6 Uhr umjubelt an der Spitze, gefolgt von Earp auf Napier, Jenatzy auf Mercedes, Lancia auf F.I.A.T., Braun auf Austro-Daimler, Lytle auf Pope-Toledo, Caillois auf Richard-Brasier, Rolls auf Wolseley, de Caters auf Mercedes, Cagno auf F.I.A.T., Hieronymus auf Austro-Daimler, Dingley auf Pope-Toledo, Duray auf De Dietrich, Bianchi auf Wolseley, Werner auf Mercedes, Nazzaro auf F.I.A.T., Burton auf Austro-Daimler, Tracy auf Locomobile.

Am Mercedes von Jenatzy platzte schon bei Rochefort ein Reifen, er fuhr auf der Felge bis zum Wechsel in Laqueuille. Mit einem Federbruch nahe Pontgibaud verlor er Geschwindigkeit, die Reparaturen kosteten ihn fast eine halbe Stunde, fürs weitere Rennen war er abgeschlagen. Die Reifen von Hieronymus verloren Luft. Es gab Anzeichen von vorzeitigem Verschleiß der Continental-Reifen an den deutschen und österreichischen Wagen. Für Wechsel standen Teams der Reifenhersteller an den Kontrollstationen bereit, unterwegs war fremde Hilfe verboten. Die Franzosen hatten sich besser eintrainiert als die Deutschen, die für den Reifenwechsel auf dem nicht demontierbaren Rad doppelt so lange brauchten, bis zu 10 Minuten.

Théry hatte eine Panne, behob sie mit seinem Mechaniker Muller in kürzester Zeit. Dingley brachte den Pope-Toledo mit einem Kühlerrohrbruch nicht über die erste Runde.

Théry vollendete die erste Runde an der Spitze, doch die französischen Jubelrufe waren verfrüht, alsbald verbreitete sich schieres Entsetzen: Lancia, 15 Minuten nach ihm gestartet, passierte nur 9 Minuten nach ihm die Start- und Zieltribüne. Der Italiener war Sieger der Runde mit 89,89 km/h, Zeit 1 Stunde, 34 Minuten und 57 Sekunden. Und hinter Théry lagen Cagno und Nazzaro. Daß der erste Mercedes nur Sechster war, konnte kaum trösten.

Plazierung nach der ersten Runde; 17 Wagen im Rennen: 1. Lancia (F.I.A.T.) – 2. Théry (Richard-Brasier) – 3. Cagno (F.I.A.T.) – 4. Nazzaro (F.I.A.T.) – 5. Duray (De Dietrich) – 6. Werner (Mercedes) – 7. Earp (Napier) – 8. Hieronymus (Austro-Daimler) – 9. de Caters (Mercedes) – 10. Rolls (Wolseley) – 11. Caillois (Richard-Brasier) – 12. Braun (Austro-Daimler) – 13. Jenatzy (Mercedes) – 14. Bianchi (Wolseley) – 15. Lytle (Pope-Toledo) – 16. Burton (Austro-Daimler) – 17. Tracy (Locomobile).

Jenatzy lag eine halbe Stunde hinter Lancia, er hatte nicht nur die Reifenpannen; sein Wagen rauchte auffallend. Die Reifen waren aber das schwere Handicap für alle Mercedes und Austro-Daimler. Burton war besonders stark betroffen; in der ersten und zweiten Runde verschliß er elf Pneus.

Die Leistung der britischen Wagen reichte nicht für vordere Plätze, doch sie hielten sich gut auf Dunlop- und Palmer-Reifen.

Die italienischen Fahrer zeigten sich als exzellent wie ihre Wagen, schon der Start von Cagno war als absolut perfekt bewundert worden.

In der zweiten Runde nahmen die Reifenschäden bei Mercedes und Austro-Daimler zu, die Wagen waren für den Kurs auch zu hart gefedert. Umso mehr wurde den Fahrern abgefordert, Hieronymus mußte mit zerstörten Reifen aufgeben.

Earp bestand eine besondere Nervenprobe. Der Tank des Napier riß ab und verließ den Wagen, laut der Annalen mußte »Benzin an der Straße gekauft werden« – wie auch immer in dieser Gegend. Wahrscheinlich von einem Zuschauerwagen, denn Earp war in der Runde nur 25 Minuten langsamer als der Sieger, obwohl er auch noch einen Federbruch hatte. Ein losgerissenes Stück beschädigte den Vergaser, in überhöhten Kurven setzte der Motor aus – einundzwanzigmal, wenn genau gezählt.

Am Pope-Toledo von Lytle brach eine Ölleitung, Mechaniker Knipper hielt sie mit den Händen zusammen.

Lancia mußte Reifen wechseln, Théry aber auch, Duray zog vor Cagno, es gab auch weitere Platzwechsel, ein spannendes Rennen.

Lancia blieb vorn, er gewann die Runde mit 83,7 km/h, war 3 Stunden, 17 Minuten und 8 Sekunden seit dem Start unterwegs, geplagt wie alle Fahrer von dem Pulveranto in den Staubschwaden; es brannte in den Augen.

Plazierung nach der zweiten Runde, 16 Wagen im Rennen: 1. Lancia (Fiat) – 2. Théry (Richard-Brasier) – 3. Duray (De Dietrich) – 4. Cagno (F.I.A.T.) – 5. Nazzaro (F.I.A.T.) – 6. Caillois (Richard-Brasier) – 7. de Caters (Mercedes) – 8. Werner (Mercedes) – 9. Braun (Austro-Daimler) – 10. Rolls (Wolseley) – 11. Earp (Napier) – 12. Bianchi (Wolseley) – 13. Jenatzy (Mercedes) – 14. Lytle (Pope-Toledo) – 15. Tracy (Locomobile) – 16. Burton (Austro-Daimler).

In der dritten Runde wurde Lancia vom Schicksal geschlagen, oder von sich selbst. Es kann sein, daß er den Motor überdrehte; seine Art war es nicht, und er lag zu Beginn der Runde um 13 Minuten klar vor Théry. Wahrscheinlich stimmt es, daß ihn ein Kühlerschaden zum Aufgeben zwang; so wurde es mitgeteilt. Ob Steinschlag oder loser Kühler, er saß am Straßenrand vor der Tribüne und weinte.

Duray fiel durch einen Kühlerrohrbruch zurück, jetzt zog Nazzaro vor Cagno hinter Théry, Caillois und Werner holten auf.

Für Jenatzy war Schluß nach nochmaligem Federbruch und Reifenpannen, und Burton mußte seinen Austro-Daimler mit zerstörten Reifen stehenlassen. Erbittert beklagte er die unzureichende Vulkanisation, die Lauffläche ließ sich in Stücken vor der Leinwand abreißen. Die Reifen seien auch nicht abgelagert, noch zu weich. Dicke Abriebspuren zeigten sich auf den Holzplatten der Continental-Montageplätze. Die zementierten Böden von Michelin waren jedenfalls griffiger. Auch unter dem Zeitverlust hatte Burton besonders gelitten. Die Franzosen schnitten die abgefahrenen Reifen einfach weg, die Deutschen konnten sich nicht dazu durchringen; Reifen waren sehr teuer, unbeschädigte Karkassen verwertbar.

Beim Wolseley von Rolls war die Schmierung nicht in Ordnung, der Motor hielt aber durch. Bei Earp wollte sich nach dem Tank auch der Sitz verabschieden, blieb aber an Bord. Was den britischen Wagen an Leistung fehlte, kam den Reifen von Palmer und Dunlop zugute. Rolls mußte in der dritten Runde mit einer nackten Felge zur nächsten Reparaturstation rollen, doch am Napier von Earp mußten im ganzen Rennen nur einmal die Hinterreifen gewechselt werden, die Palmer-Vorderreifen hielten die 550 Kilometer durch.

Tracy konnte den Locomobile nicht weiterbringen, sein Mechaniker sah aus wie ein Kohlentrimmer, der Fahrer nicht viel besser.

Am Ende der dritten Runde hatte sich das Feld fürs Finale gelichtet und formiert. Théry gewann die Runde mit 77,64 km/h, er war 5 Stunden, 18 Minuten und 46 Sekunden im Rennen. Er lag 10 Minuten vor Nazzaro, elfeinhalb Minuten vor Cagno. Caillois konnte den Italienern mit 10 Minuten Rückstand kaum mehr gefährlich werden.

Plazierung nach der dritten Runde, 12 Wagen im Rennen: 1. Théry (Richard-Brasier) – 2. Nazzaro (F.I.A.T.) – 3. Cagno (F.I.A.T.) – 4. Caillois (Richard-Brasier) – 5. Werner (Mercedes) – 6. de Caters (Mercedes) – 7. Duray (De Dietrich) – 8. Rolls (Wolseley) – 9. Braun (Austro-Daimler) – 10. Earp (Napier) – 11. Bianchi (Wolseley) – 12. Lytle (Pope-Toledo).

Über die vierte und letzte Runde kamen sieben der zwölf Fahrer schneller als über die dritte, keiner wurde wesentlich langsamer, auch auf den abgeschlagenen Plätzen. Nation, Industrie, Geschäfte – der Gordon Bennett-Preis war illusorisch, doch die Sportler verschafften ihm den würdigen Abschluß.

Nach 7 Stunden, 2 Minuten und 42 Sekunden fuhr Théry als Sieger durchs Ziel, Lytle auf dem Pope-Toledo fuhr neuneinhalb Stunden. Zum Gordon Bennett-Preis erhielten die Franzosen auch die Montagu Trophy für das beste Team, doch auch kein Brite war ausgefallen. Die Italiener konnten neben dem zweiten und dritten Platz auch den Ruhm der schnellsten Runde verbuchen, die Deutschen und ihre Österreicher machten ihre Reifen nicht zur Dolchstoßlegende; zum Sport gehörte das Risiko einer technischen Fehlentscheidung.

Plazierung am Ziel: 1. Théry (Richard-Brasier) – 2. Nazzaro (F.I.A.T.) – 3. Cagno (F.I.A.T.) – 4. Caillois (Richard-Brasier) – 5. Werner (Mercedes) – 6. Duray (De Dietrich) – 7. de Caters (Mercedes) – 8. Rolls (Wolseley) – 9. Earp (Napier) – 10. Braun (Austro-Daimler) – 11. Bianchi (Wolseley) – 12. Lytle (Pope-Toledo).

Théry war Frankreichs Held des Tages: »Menschenmassen umgaben ihn, als sein Wagen zum Stehen kam, man hob ihn auf die Schultern und trug ihn zu Monsieur Brasier, der ihn umarmte.« Dann wurde er dem höchsten anwesenden Würdenträger vorgestellt, es war der Kolonialminister in Vertretung des uninteressierten Präsidenten der Republik. Die Marseillaise ertönte, die Menge rief »Vive la France«, »Vive Brasier« und dergleichen. Und er hatte 100 000 Frs. gewonnen, ausgesetzt von der Zeitschrift »l'Auto«. Die Fahrer, die noch auf der Strecke waren, erfreuten sich des abkühlenden Wetters mit Schauerneigung nach den heißen Stunden im Pulverantostaub.

Nachspiel war eine Flut von Kommentaren, die noch junge Fachpresse bewies wachsende Kompetenz; der Gordon Bennett-Preis hatte nicht zuletzt dazu beigetragen, den Blick zu schärfen.

Im nächsten Jahr wurde der erste Große Preis von Frankreich ausgetragen; nicht in der Auvergne, sondern bei Le Mans. Nicht jede Nation, sondern jeder Fabrikant durfte mit drei Wagen teilnehmen. Aus dem Gordon Bennett-Preis wurde der Grand Prix.

Französisches Ausscheidungsrennen

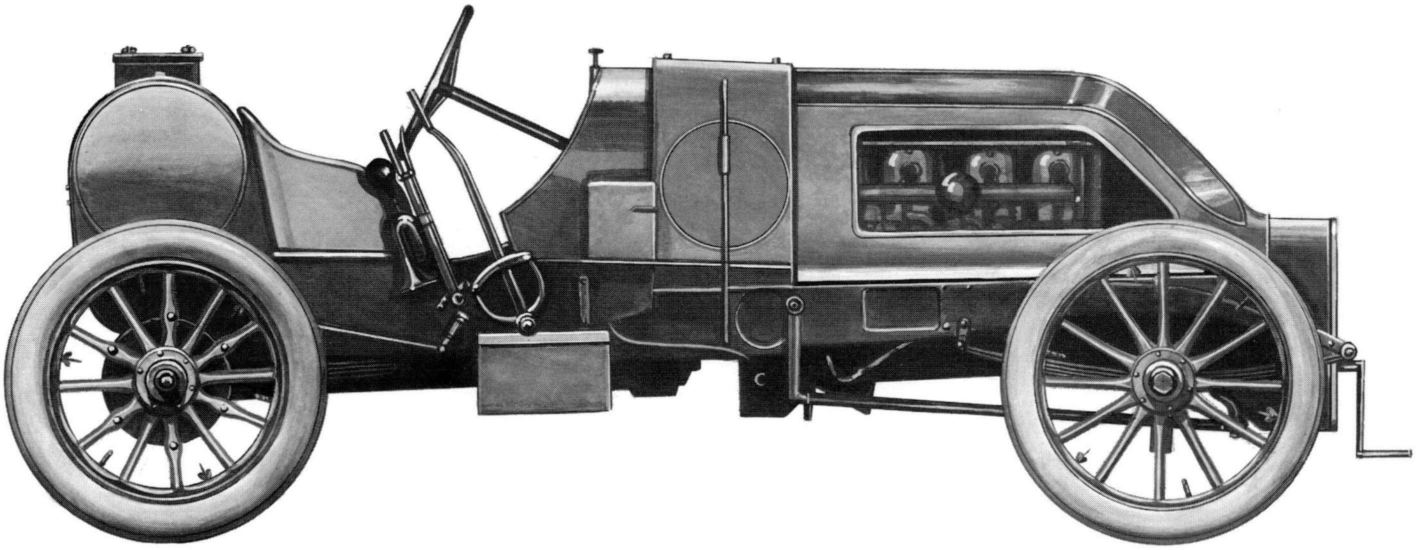

C.G.V. 12,9 Liter-Vierzylinder, 100 PS bei 1050/min

Clément-Bayard 12,9 Liter-Vierzylinder, 120 PS bei 1200/min

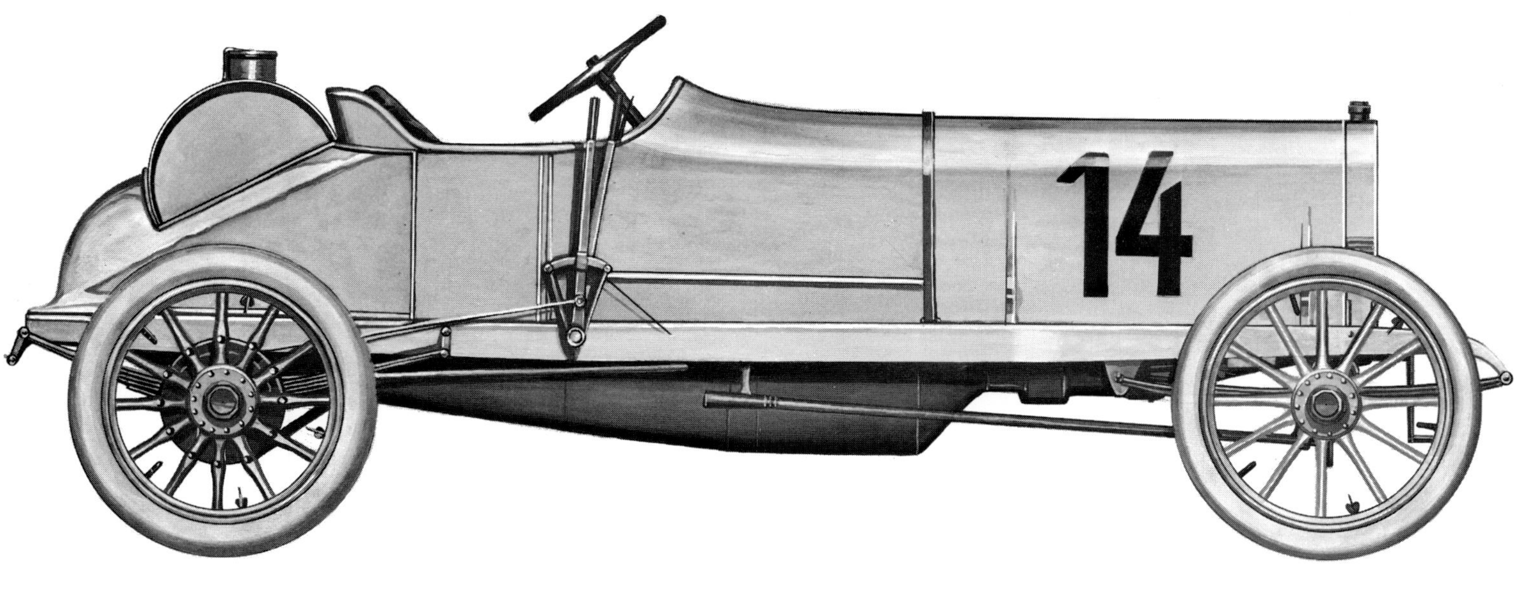

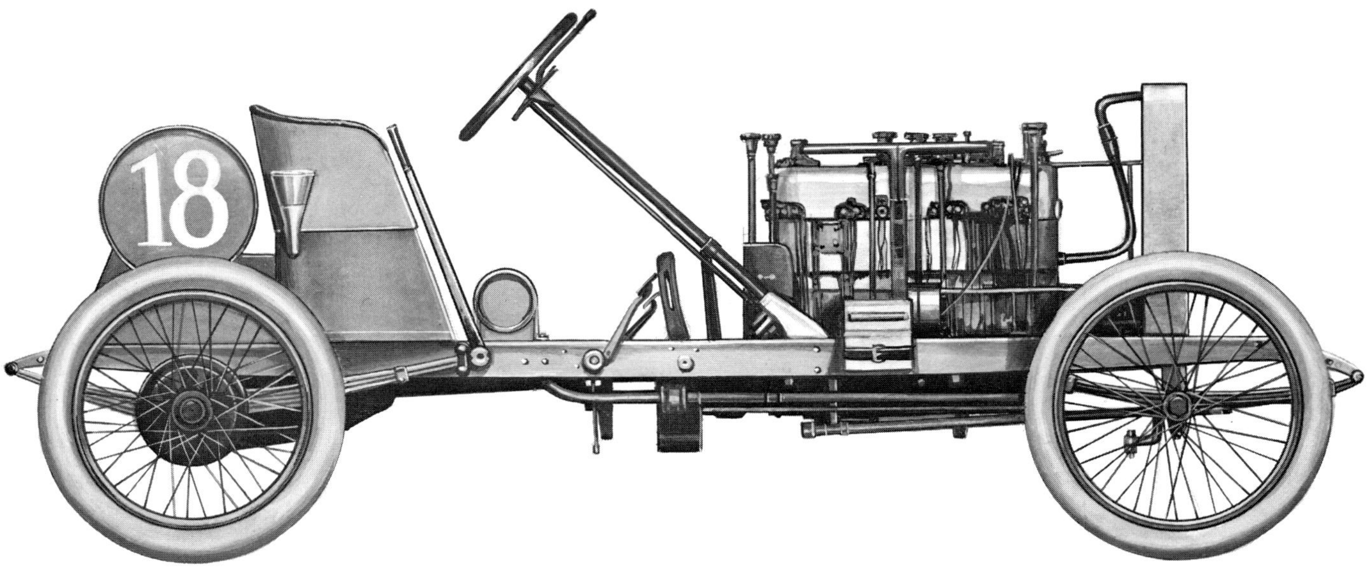

Darracq 9,9 Liter-Vierzylinder, 85 PS bei 1250/min

Hotchkiss 18,8 Liter-Vierzylinder, 125 PS bei 1050/min

Panhard & Levassor 15,4 Liter-Vierzylinder, 120 PS bei 1200/min

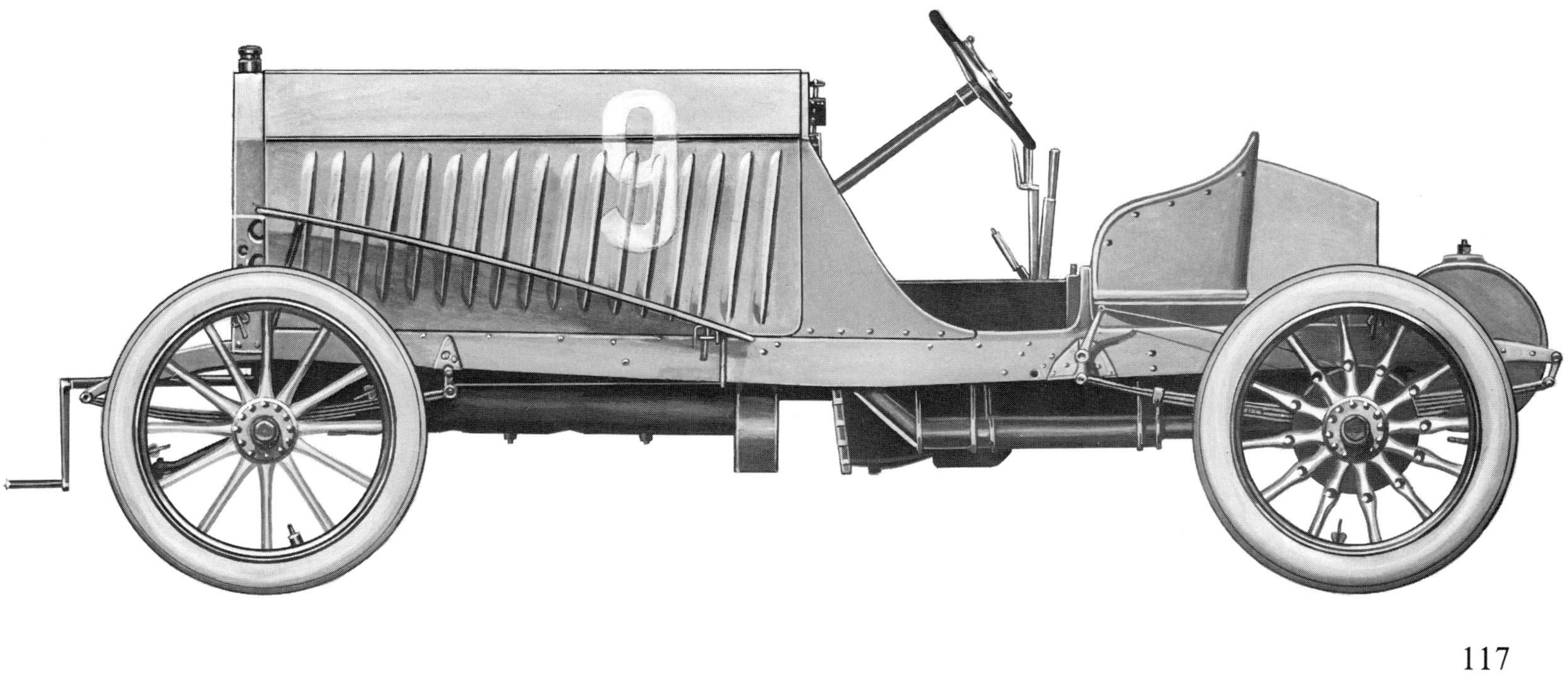

Renault 13 Liter-Vierzylinder, 90 PS bei 1300/min

Siddeley 15,7 Liter-Vierzylinder, 100 PS

Star 10,1 Liter-Vierzylinder, 90 PS

Weir-Darracq 11,3 Liter-Vierzylinder, 90 PS bei 1600/min

Im Rennen

F.I.A.T. 16,3 Liter-Vierzylinder, 110 PS bei 1100/min

De Dietrich 17 Liter-Vierzylinder, 130 PS bei 1250/min

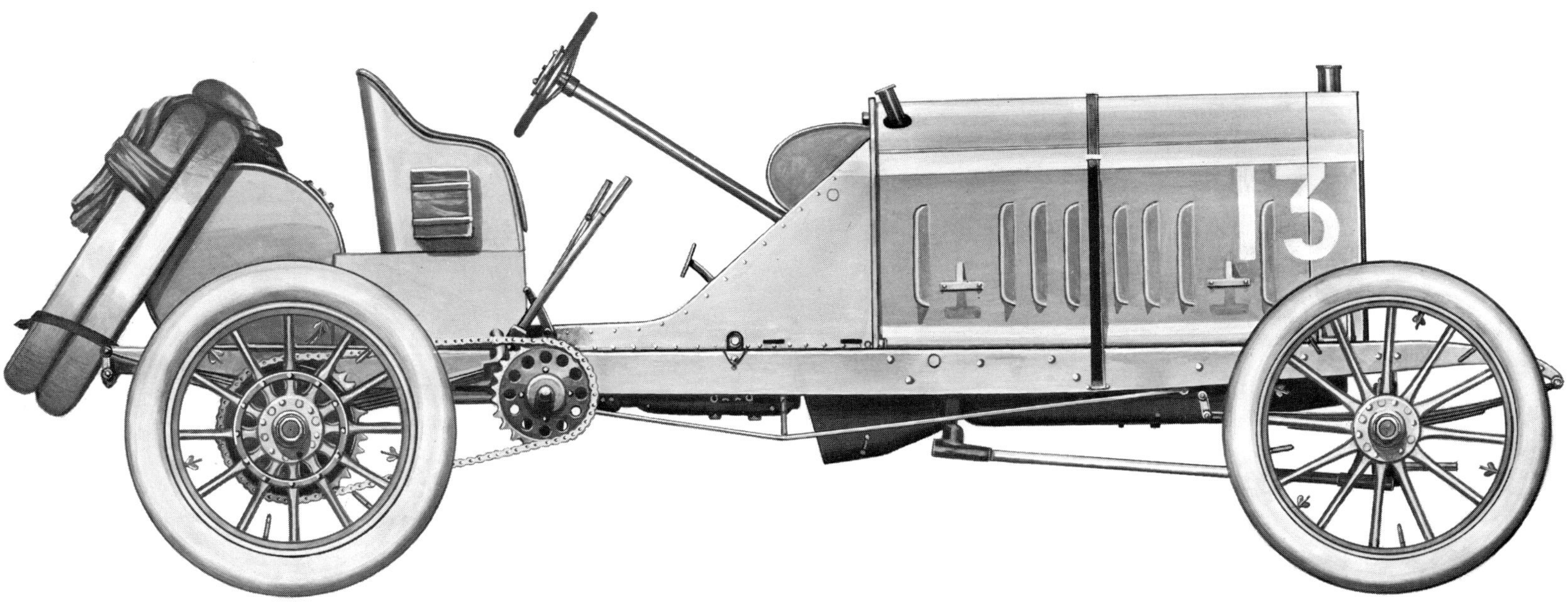

Locomobile 17,7 Liter-Vierzylinder, 90 PS bei 1050/min

Mercedes 14 Liter-Vierzylinder, 115 PS bei 1200/min

Napier 13,1 Liter-Vierzylinder, 80 PS bei 1200/min

Pope-Toledo 8,6 Liter-Vierzylinder, 70 PS bei 1300/min

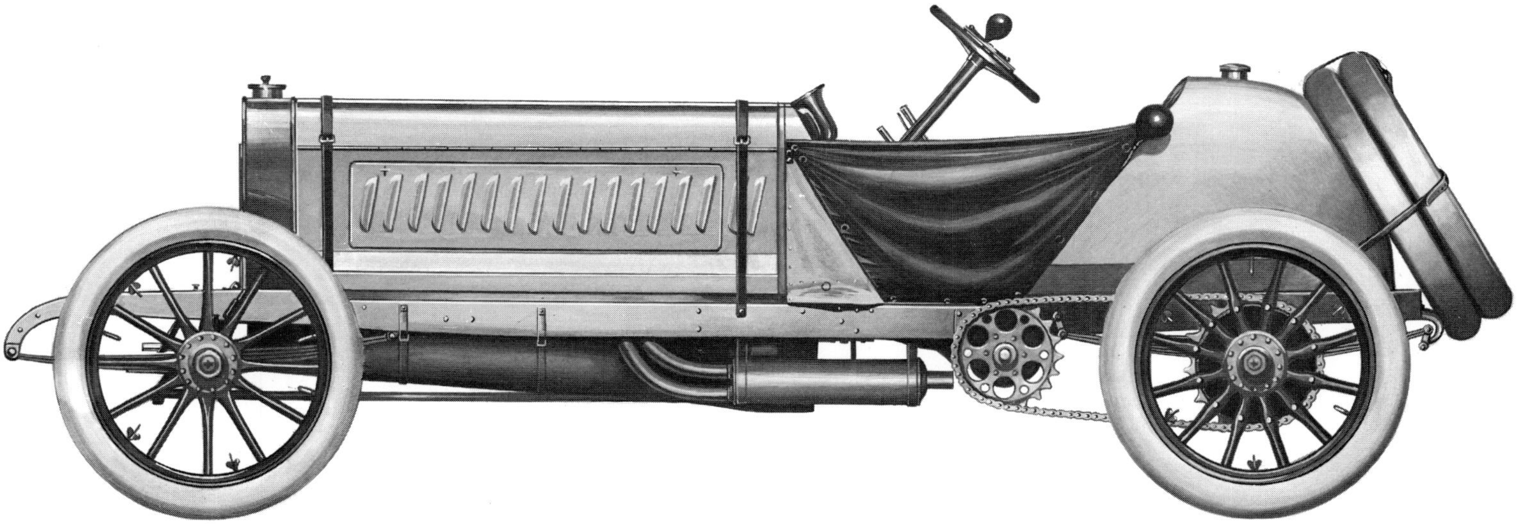

Richard-Brasier 11,3 Liter-Vierzylinder, 96 PS bei 1200/min

Wolseley 12,1 Liter-Vierzylinder, 96 PS bei 1000/min

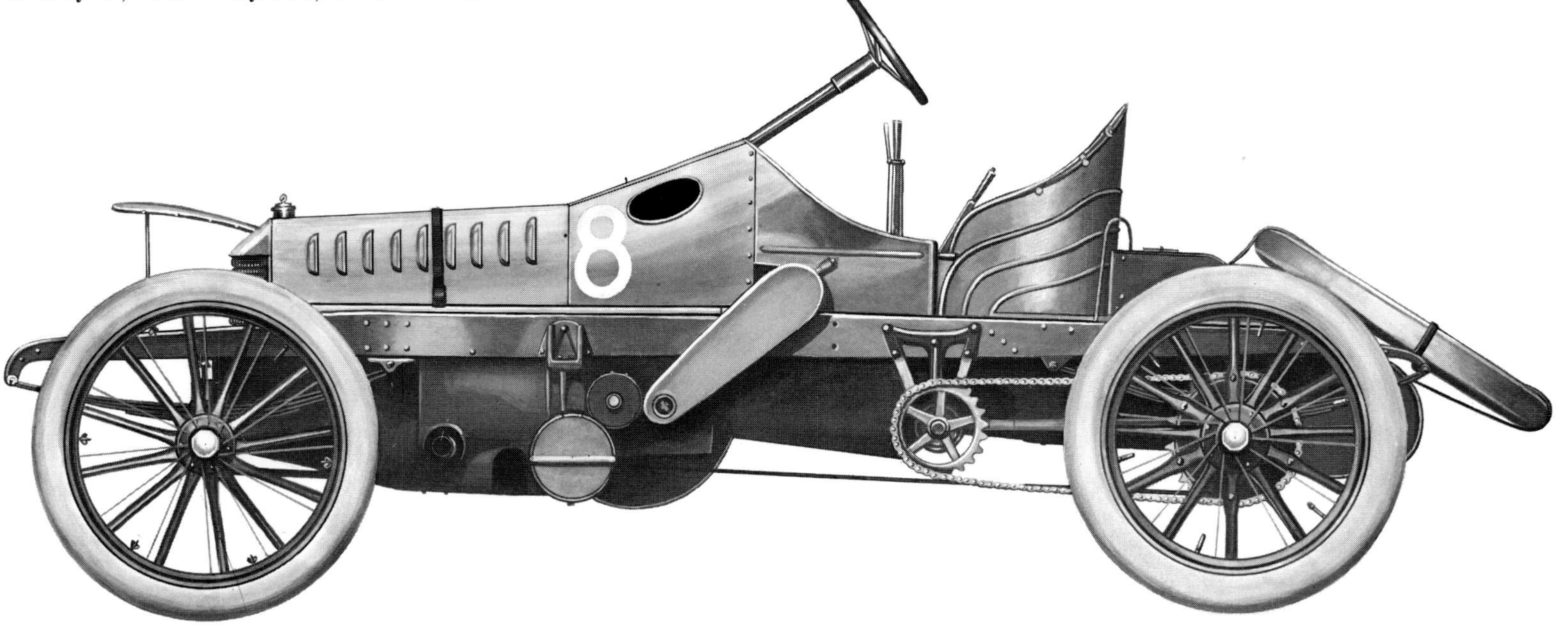

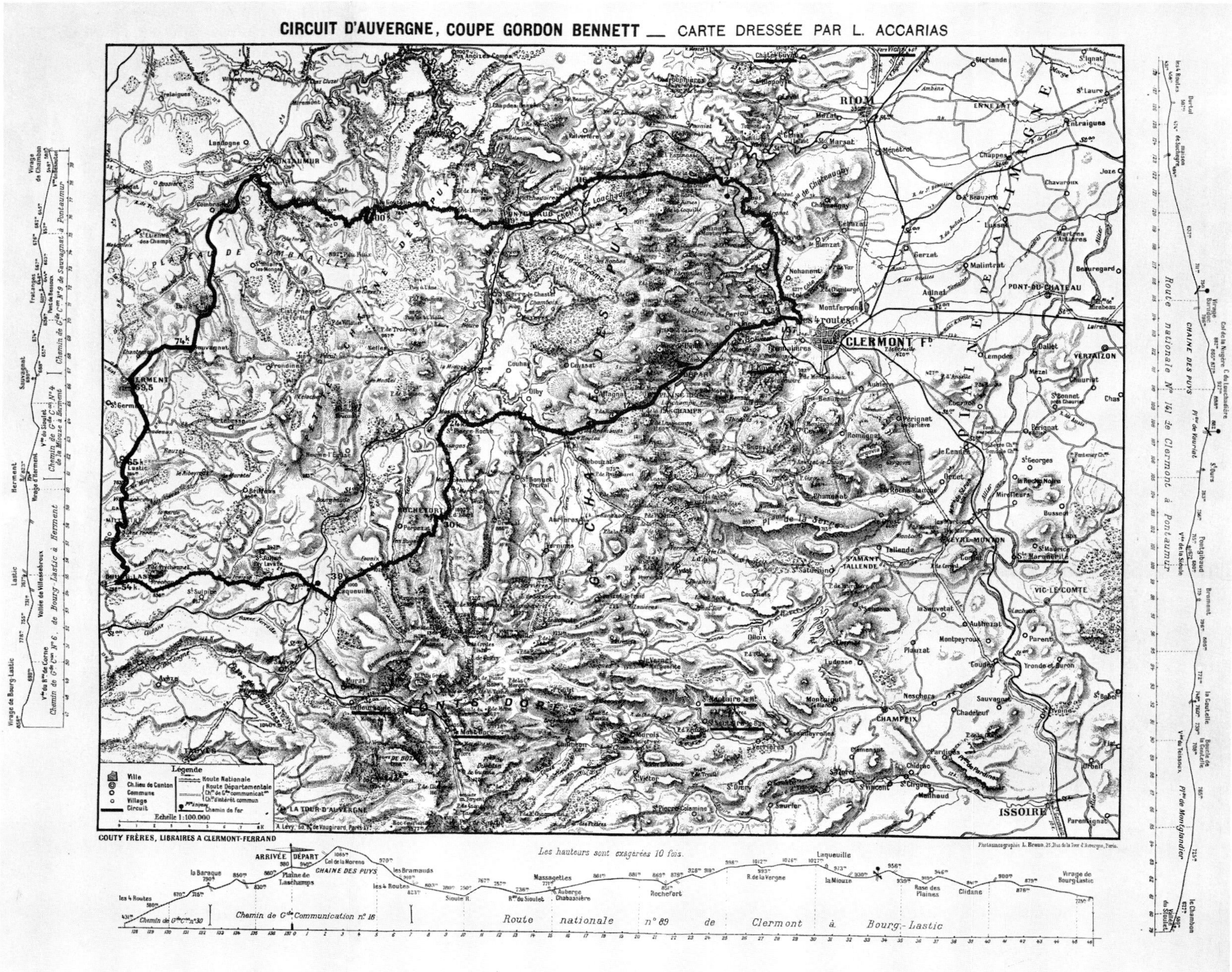
CIRCUIT D'AUVERGNE, COUPE GORDON BENNETT — CARTE DRESSÉE PAR L. ACCARIAS
COUTY FRÈRES, LIBRAIRES A CLERMONT-FERRAND
Les hauteurs sont exagérées 10 fois.
Route nationale n° 89 de Clermont à Bourg-Lastic
Route nationale N° 141 de Clermont à Pontaumur
Chemin de Gde Communication n° 16
CLERMONT Fd
RIOM
ISSOIRE
CHAINE DES PUYS
PLATEAU DE COMBRAILLE
MONTS DORES
Echelle 1:100.000

Kolorit

Originalton aus der Zeit läßt Atmosphäre spüren, im Kern klingt er nicht anders als heute.

Continental war verständlicherweise höchst besorgt um das Echo im Publikum. Plage der Straße waren die Hufnägel. Der Bibendum-Mann, die aus weißen Kautschukreifen bestehende Werbefigur von Michelin, verdankte seinen Namen dem berühmten lateinischen Werbewitz: »Nunc est bibendum«, jetzt wird getrunken – Nägel nämlich, die er im Glas zum Trunke hob, während kümmerliche Konkurrenten um ihn herum das Labsal scheuten.

Nur Reifenverschleiß, nicht Reifendefekte, hätten die Reifenwechsel im Rennen erfordert, versicherten die Continental-Inserate; nur Baron de Caters sei zweimal durch Nägel gestoppt worden.

»Der Motorwagen – Zeitschrift für Automobil-Industrie und Motorenbau, Organ der Automobiltechnischen Gesellschaft«, veröffentlichte in Heft 20/1905 ein Interview mit Herrn Direktor Willy Tischbein von der Continental-Caoutschouc und Guttapercha Co. in Hannover:

Auf die Frage: »Worauf ist es zurückzuführen, daß sich die deutschen Wagen im diesjährigen Gordon Bennett-Rennen nicht besser plazierten?« antwortete Herr Tischbein: »In allererster Linie auf die Verwendung zu leichter Reifen für einen derartigen Weg. Wie Ihnen wohl schon früher bekannt war, sind auf der Strecke nicht weniger als ca. 700 scharfe Kurven. Vor jeder Kurve muß scharf gebremst werden. Der Boden selbst ist außerordentlich hart und als Unterlage sind, soweit ich dies beurteilen konnte, granitartige Steine verwendet worden. Durch das häufige Befahren der Strecke war die Straße »ausgefahren« und demzufolge nur um so unvorteilhafter für die Pneumatiks. Es war ein Fehler, daß wir nicht vorher von allen unseren Fahrern die Strecke im Renntempo viermal hintereinander abfahren lassen konnten.

»Warum war dies ein Fehler?«

Wir hätten dadurch über die Beschaffenheit der Strecke und deren Einwirkung auf die Reifen ein ähnliches Bild gewonnen, wie die Franzosen durch das Ausscheidungsrennen. Unsere Fahrer sagten uns, daß unsere gewöhnlichen Tourenreifen, die wir auch im Rennen fahren ließen, ca. 3 Runden aushielten. Infolgedessen hatten wir uns dazu entschlossen, die Reifen für die Wagen nach 2 Runden auswechseln zu lassen. Im Rennen selbst stellte sich heraus, daß dies nicht genügte. Die Mercedes-Wagen waren kolossal schnell und vor allen Dingen fuhren sie sehr schnell an. Für solche Verhältnisse waren die Reifen zu leicht. Wir waren nicht leichtsinnig in Bezug auf die Wahl der Reifen und daß man sich tatsächlich in Bezug auf die Stärke der zu verwendenden Reifen riesig getäuscht hat, beweisen die Resultate des französischen Ausscheidungsrennens. In diesem hatten fast alle Fahrer nicht weniger als 8–10 Pneumatikdefekte und viele Fahrer kamen ganz ohne Reifen ans Ziel, indem sie auf der Felge weiterfuhren. Jeder aber hatte Riesenaufenthalte auf der Strecke durch Umwechslung von Reifen. Die

Folge davon war, daß die Franzosen und Italiener ihre Wagen für den wirklichen Renntag mit sehr dicken Reifen ausrüsteten, aber trotzdem mußten auch die französischen und italienischen Wagen ihre Reifen umwechseln. Man kann, soweit es sich um Continental-Reifen handelt, von eigentlichen Pneumatikdefekten nicht sprechen, auch ist es absolut unrichtig, daß Jenatzy bei der ersten Runde 11 Pneumatikdefekte gehabt hat. Wie ich Ihnen schon vorher sagte, wurde infolge der außerordentlich schnellen Wagen und der schlechten Bodenbeschaffenheit die Gummidecke der Continental-Reifen nach ungefähr einer Runde bis auf die Einlagen geradezu abgefeilt und zwar speziell durch das schnelle Anfahren und starke Bremsen. Nachfolgendes mag als Beweis dienen, wie kolossal das Anfahren auf die Reifen eingewirkt hat. In unserem Depot bei Moreno hatten wir ein Holzpodium errichtet, um die Reifen besser montieren zu können. Als der erste Wagen zwecks Umwechselung der Reifen ankam, bemerkte ich bei der Abfahrt desselben einen scharfen Geruch nach verbranntem Gummi, so daß ich zuerst glaubte, die Gummireifen wären mit Benzin in Berührung gekommen und hätten, da viel Publikum mit brennenden Zigarren herumstand, Feuer gefangen. Erst nach Abfahrt des Wagens sah ich auf dem Holzpodium die genauen Abdrücke der Reifen, ja ich konnte sogar bei näherem Hinsehen feststellen, daß die einzelnen Rillen, die in dem Reifen vorhanden waren, direkt in das Holz eingebrannt waren. Das läßt mit Sicherheit darauf schließen, daß die Reibung zwischen Gummi und Holzfläche in dem Augenblick eine so starke war, daß sie eine Hitze von weit über 100° Celsius erzeugt haben muß.

»Konnten Sie sich denn vorher gegen diese Eventualitäten nicht besser schützen?«

Gewiß hätten wir das gekonnt, wenn wir die Erfahrungen gehabt hätten, die wir heute haben. Für uns aber und auch für die Mercedes-Leute war es unmöglich, diese Erfahrungen vorher zu sammeln. Die Strecke richtig abgefahren hatten eigentlich nur Jenatzy und Baron de Caters. Beide waren mit den Resultaten der Mercedes-Wagen und des Continental-Pneumatiks außerordentlich zufrieden. Die Wagen waren sehr schnell und liefen regelmäßig und von den Reifen glaubten sie, daß sie ca. 3 Runden aushalten würden. Hätten wir, wie die Franzosen, vorher die Erfahrungen eines Ausscheidungsrennens zur Verfügung gehabt, dann wären natürlich auch die Vorkehrungen, die wir getroffen hätten, ganz andere gewesen. Vor allen Dingen hätten wir die Wagen mit schwereren Reifen ausgerüstet. Ich will hierbei nur noch erwähnen, daß kein Continental-Reifen geplatzt ist und daß das, was über die Reifendefekte sich erzählt wird und in verschiedenen Zeitungen steht, absolut nicht den Tatsachen entspricht. Mit Ausnahme des Herrn Baron de Caters, der zwei Nageldefekte hatte, hatte kein einziger Mercedes-Wagen wirkliche Reifendefekte. Nur das häufige Umwechseln der Reifen hat den Mercedesfahrern den Zeitverlust gebracht.

»Wir haben gehört, daß das Montieren Ihrer Reifen länger gedauert haben soll, als das der französischen und italienischen Reifen?«

Auch hierüber kann ich Sie beruhigen. Die Durchschnittszeit, die wir zur Montierung von vier Reifen gebraucht haben, war ca. 7 Minuten, eine Leistung, die von jedem Fachmanne als eine hervorragende sicher anerkannt werden wird.

»Der Motorwagen« veröffentlichte in der gleichen Ausgabe einen Bericht »Die Betriebsstörungen der Rennwagen im Gordon Bennett-Rennen 1905« unter dem Pseudonym »Gaston«. Einige Passagen lassen das Niveau kritischer Einsicht an der Schwelle der Grand Prix-Ära erkennen.

Die Schlacht ist geschlagen, und Frankreich hat gesiegt – zum zweiten Male in zwei Jahren. Das Resultat ist für Frank-

(weiter Seite 153)

1900: Das erste Rennen

Sieger Charron (Schnitt 62,185 km/h) überholt de Knyff, beide auf Panhard & Levassor

1901: Das zweite Rennen

Girardot auf dem Panhard & Levassor einsam unterwegs zum Sieg (Schnitt 59,55 km/h), die Rivalen fielen aus

1902: Das dritte Rennen

Favorit de Knyff auf dem starken Panhard & Levassor, im Bild vor dem Paris–Wien-Teilnehmer Pinon, fiel durch Differentialbruch aus

Fournier auf dem Mors liegt zunächst exzellent in Führung, doch ihn stoppt bald ein Wellenbruch

Vorbei am liegengebliebenen Wagen von de Knyff, weit hinter dem Paris–Wien-Sieger, fährt S. F. Edge den Napier zum Gewinn der Gordon Bennett-Wertung (Schnitt 51,295 km/h)

1903: Das vierte Rennen

Jarrott auf Napier vor dem Sturz, im Hintergrund Mooers auf Peerless vor der finalen Panne

Jenatzy fährt den weißen Mercedes zum Sieg, der tapfere Winton ist nur ein Hindernis auf schmaler Straße

De Knyff auf Panhard & Levassor vor Gabriel auf Mors, im Hintergrund die Brückentribüne von Kilrush

Foxhall-Keene auf Mercedes fährt die schnellste Runde, Hinterachsbruch bringt ihn um die Siegeschance. Farman auf Panhard & Levassor, im Bild hinter ihm, wurde Dritter

1904: Das fünfte Rennen

Fritz Opel auf Opel-Darracq, den flotten Spurt beendete der Kardanwellenbruch

Cagno auf F. I. A. T. kurz vor dem Zielpunkt Haupttribüne, im Hintergrund das Hotel Saalburg

Edge auf dem Napier, den er trotz Lenkungsdefekt und anderer Sorgen über die Runden brachte

Der spätere Sieger Théry auf Richard-Brasier vor Warden, dessen Austro-Daimler in der dritten Runde ausfiel

Lancia war schnellster F. I. A. T.-Fahrer, mußte sich aber mit dem achten Platz begnügen

Unverkennbar die markante Nase des Mors von Salleron, dahinter der Wolseley von Girling

Rougier muß am Turcat-Méry basteln, Hautvast auf dem Pipe zieht hoffnungsvoll vorbei

Braun reißt den Austro-Daimler durch eine der zahllosen Kurven, sieben Stunden war er so unterwegs, Schnitt 73,25 km/h

Start an der Kontrolle im neutralisierten Weilburg, Höhenunterschied zum Startpunkt Saalburg 275 Meter

De Caters auf Mercedes vor Jarrott auf Wolseley im nicht neutralisierten Grävenwiesbach, auf Fußgängerbrücken war die Sicht vorsichtshalber mit Brettern vernagelt

Vorn Rougier auf Turcat-Méry, den Angriff von Hautvast auf Pipe schlug er ab und wurde Dritter, Hautvast Sechster

Jenatzy jagt den Mercedes durch den Triumphbogen bei der Saalburg in die letzte Runde, kann noch auf den Sieg hoffen

Théry auf Richard-Brasier vor der Haupttribüne mit der Kaiserloge, in 5 Stunden und 50 Minuten bewältigte er die 508,96 Kilometer und gewann den Gordon Bennett-Preis mit 87,245 km/h. Hinter ihm Girling auf Wolseley

Vornehmes Ambiente: Das Kurhaus des Weltbads Homburg

Ordnungshüter: Polizist in Homburg

Absperrkommando: Soldat vom Infanterie-Regiment Landgraf Friedrich I. von Hessen-Cassel Nr. 81, Standort Frankfurt, Gutleutkaserne

1905: Das sechste Rennen

Szisz auf Renault beim französischen Ausscheidungsrennen, er wurde Fünfter und kam nicht ins Gordon Bennett-Rennen

Zahllose Kurven, Steigungen, Gefälle; hier Duray auf De Dietrich in der „Kurve der Gendarmen"

Behelfsbrücke von Pontgibaud, Lancia auf F. I. A. T. vor Lytle auf Pope-Toledo

C. S. Rolls, nachmals Rolls-Royce-Gründer, auf dem Wolseley mit Boxermotor unter flacher Haube vor Caillois auf Richard-Brasier

Werner wechselt Reifen am Mercedes, der spätere Sieger Théry auf Richard-Brasier zieht vorbei

Streckensicherung innerorts mit Plankenzäunen; Felice Nazzaro auf F. I. A. T. vor de Caters auf Mercedes

Théry auf Richard-Brasier zelebriert klassischen Powerslide vor Braun auf Austro-Daimler in der Kurve von La Barque

Der Napier von Earp mit Röhrenkühler, für seine unterlegene Leistung war der neunte Platz respektabel

Infanteristen sicherten die Strecke

reich und Italien günstig, für Deutschland ungünstig ausgefallen – aber bei technischen Fragen kommt es nicht auf die Nationalität des Konstrukteurs, sondern auf die Durchbildung seiner Maschine an – und hier den Gründen von Erfolg oder Mißerfolg nachzuforschen, wird für den Sieger wie für den Besiegten gleich wichtig sein.

Zunächst muß gesagt werden, daß niemals, seit es Automobilindustrie und Automobilrennen gibt, ein schwereres Rennen gefahren wurde, als das diesjährige Gordon Bennett-Rennen. Die Taunus-Strecke, die im vorigen Jahr als schwierig galt, war Kinderspiel im Verhältnis zur Auvergne.

Nie hat es eine Rennstrecke gegeben, die derartige Spezialstudien von Konstrukteuren und Fahrern verlangte, wie diese.

Frankreich wußte das, liegt doch die Auvergne im eigenen Lande, seine Konstrukteure wußten es und haben danach gehandelt und von allen im französischen Ausscheidungsrennen gestarteten Marken waren es nur drei, die wohl Rennwagen, aber keine für diese Gebirgsstrecke geeigneten Spezialwagen gebaut hatten, Panhard, Gobron-Brillié und Automoto.

Die beiden ersten Marken haben ihre vorjährigen Chassis verwendet und dieselben nur mit stärkeren Motoren versehen, Automoto machte seinen ersten Rennversuch. Alle übrigen französischen Wagen, ich sage es frank und frei, denn ich habe sie gesehen und habe Zeit und Gelegenheit gehabt, sie zu studieren, waren vielleicht noch mit alleiniger Ausnahme von Hotchkiss, Spezial-Gebirgswagen und jeder einzelne wäre fähig gewesen, das Ausscheidungsrennen zu gewinnen.

Théry, der »Chronometer-Théry«, hat im Vorrennen gesiegt und Caillois, der zweite Brasier-Fahrer, war Zweiter.

Es zeigt dies eine unleugbare Überlegenheit der Brasier-Konstruktion vor allen anderen, Brasier hat vom Guten das Beste geleistet, er hat, wenn auch nach schwerem Kampfe, auch das Hauptrennen gewonnen, und ungerecht wäre es, diese erstklassige Leistung nicht unumwunden anzuerkennen.

Wie die Natur ihren einzelnen Lebewesen gerade diejenigen Eigenschaften gegeben hat, welche ihren Lebensbedingungen entsprechen und welche ihnen zum Aufenthalt in Wasser, Luft und Erde nötig sind, so hat es Brasier verstanden, in diesem Jahre Rennwagen zu bauen, die den unaufhörlichen Kurven der Strecke schlangengleich und ohne jede Ermüdung der Organe zu folgen vermochten, die auch auf den schlechten Teilen des Weges förmlich am Boden klebten und die es vermochten, während des ganzen Rennens ein stets gleichmäßiges, unermüdlich gleichmäßiges Tempo einzuhalten.

Die meisterhafte Gewichtsverteilung, die vorzügliche Aufhängung, der geringe Radstand und die sehr geringe Spurweite dieser Wagen machte sie zu Kurvenfahrzeugen ersten Ranges, der nie ermüdende, stets gleichmäßig und ohne Panne arbeitende Motor, dessen 90 HP nur auf ganz kurzen Strecken voll ausgenutzt wurden, gab ihnen die Betriebssicherheit und Théry, der erstklassige Mechaniker, der diesen Musterwagen spielend und doch so sicher meisterte, als wenn er selbst ein Teil des Fahrzeuges gewesen wäre, führte ihn zum Siege.

Ehrliche Anerkennung fremder Leistungen war von jeher deutsche Art und deshalb werden auch die deutschen Automobilkonstrukteure sagen müssen: Hut ab vor Brasier, vor seinem Wagen und vor der unerschütterlichen Ruhe und Sicherheit Thérys, den selbst die beängstigenden Fortschritte Lancias nicht vermochten, sein Tempo zu beschleunigen, seinen Wagen zu überanstrengen und damit alles aufs Spiel zu setzen.

Hut ab auch vor den Italienern, vor ihren Wagen und vor ihren Fahrern. Sie haben Erstklassiges geleistet.

Die Niederlage der Mercedes kam allzu unerwartet, um der Konstruktion allein zugeschrieben werden zu können, und es ist wohl nicht zu viel gesagt, wenn dem Pneumatik ein großer Teil der Schuld zugeschoben werden muß. Alle Mercedes-Wagen waren so haarscharf am Gewicht, daß sie anstelle der verstärkten Rennlaufmäntel die leichteren Tourenmäntel auflegen mußten und das wohl etwas zu stark auf der Vorderachse liegende Gewicht des 125-HP-Motors trug das seinige zu einer unnatürlich schnellen Abnutzung der Vorderpneumatiks bei.

Die Mercedes waren sicher außerordentlich schnelle Wagen, aber für die Eigenart und die zahlreichen, scharfen Kurven der Strecke zu lang und ihre Aufhängung war nicht so durchstudiert, wie die der französischen Konstrukteure.

Und nun noch einige rein technische Folgerungen: Das diesjährige Gordon Bennett-Rennen hat gezeigt, daß ein Wagen mit 3 Geschwindigkeiten und prise directe einzig und allein durch seine Aufhängung und durch die wunderbare Elastizität seines verhältnismäßig schwachen Motors allen anderen, selbst viel schnelleren Fahrzeugen überlegen war.*

Es hat ferner bewiesen, daß in Rennen, wie sie heute abgehalten werden, nicht der schnellste, sondern der betriebssicherste Wagen siegt, daß der Pneumatik einer der am schwersten wiegenden Faktoren für den Sieg ist und schließlich, daß unter so schwierigen Verhältnissen der einfache Rahmenkühler mit Kühlrohren und Kühlrippen in Bezug auf Betriebssicherheit dem Bienenkorbkühler überlegen ist, denn Lancia, der schärfste Konkurrent Thérys, verdankt seine Niederlage einzig und allein der Empfindlichkeit des während eines Rennens unreparierbaren Bienenkorbkühlers.

Eine weitere Betrachtung aber zeigt, daß Rennwagen, welche auf das Prädikat ständiger Betriebssicherheit Anspruch machen wollen, mindestens 3 Monate vor dem Rennen in der Hand des Fahrers gewesen sein müssen. Nur so ist es möglich, alle, aber auch alle Ursachen von etwa möglichen Pannen rechtzeitig, d. h. vor dem Rennen, zu beseitigen und einen Wagen mit der sicheren Aussicht auf den Sieg an den Start zu bringen.

Zum Schluß aber möchte ich noch einen Punkt erwähnen, der für den Sieg des Hauses Brasier, wenn wohl auch nicht ausschlaggebend, so doch sicher von hoher Bedeutung war.

Brasier fährt seine Rennwagen selber und kann sich selbst davon überzeugen, ob Vorschläge zu Änderungen und Verbesserungen, welche ihm seine Fahrer im Laufe der Probefahrten machen, ihre wohlbegründete Berechtigung haben. Man erinnere sich, daß das Haus Renault, solange seine Besitzer und Konstrukteure Rennen fuhren, nie geschlagen worden ist.

Der Grund dieser Erscheinung ist bei beiden Firmen derselbe: Die wissenschaftliche, auf rein technischer Grundlage ruhende Überzeugung des Konstrukteurs muß in vielen Fällen der praktischen Erfahrung nachgeben und Konstruktionsdetails abändern, die vom rein technischen Standpunkt aus betrachtet, vollkommen erscheinen, sich aber in der Praxis nicht bewähren, weil bei den außerordentlich verwickelten Beanspruchungen eines Rennwagens, die wirkenden Faktoren niemals a priori übersehen und richtig eingeschätzt werden können.

Für Rennwagenkonstrukteure, die nicht selbst fahren, wird daher nur ein fortdauernder Kontakt mit ihren Fahrern, nur ein ernstes Durchdenken, selbst scheinbar naiver Wünsche, nur die Nachprüfung scheinbar unwahrscheinlicher Erfahrungen derselben, Aussicht auf Erfolg bieten.

Es gibt Erfahrungen, die nie veralten. James Gordon Bennett hat seinen Preis nicht vergebens gestiftet.

* Schnellgang 1:1

Die Wagen tabellarisch

Die Tabellen beschränken sich auf die Daten, die für das Verständnis der Rennverläufe unmittelbar wichtig sind. Sie basieren auf der bisher vollständigsten Zusammenstellung, die Lord Montagu of Beaulieu 1963 vorgelegt hat. Seine weiteren Angaben sind in den Bildtexten verwertet worden.

Schmierung, Kühlung, Brems- und Federungsbauarten, Räder und Reifen, Besonderheiten und Unstimmigkeiten – das alles darzustellen, ginge über das Thema dieses Buches hinaus. Es gehört in eine Geschichte der Automobiltechnik, deren Trend die Gordon Bennett-Rennen einerseits spiegeln, andererseits beeinflußt haben. Erst 1912 begann eine neue Epoche, als der 7,6 Liter-Peugeot mit dem zukunftsweisenden Doppelnokkenwellenmotor von Ernest Henry den 14,1 Liter-Fiat bezwang; die Sechszylinder kamen, und eine Wende ging von der Entwicklung im Coupe des Voiturettes aus.

Die Abkürzungen: aiv (automatic inlet valves) = automatisch gesteuerte Einlaßventile, »Schnüffelventile« – sv (side valves) = seitlich stehende Ventile – ioe (inlet over exhaust) = hängende Einlaßventile über seitlich stehenden Auspuffventilen – sv (side valves) = seitlich stehende Ventile – ohv (overhead valves) = hängende Ventile. Ob die seitlichen Ventile auf einer Seite (L-head) oder beiderseits (T-head) angeordnet sind, ist wegen einiger unbestimmter Angaben nicht berücksichtigt, ebenso die Besonderheit einzelner Ausführungen. Gekennzeichnet sind aiv-Vierventiler als interessanter Hinweis auf frühe Überlegungen, maximale Füllung zu erzielen. ioe bei Mercedes war mit einer aiv-Mechanik kombiniert.

Bei der Kraftübertragung ist K = Kettenantrieb der Hinterachse von der rahmenfesten Welle zur Hinterachse, W = Antrieb mit Kardanwelle. Bei der Zündung ist B = Batterie und Zündspule, NM = Niederspannungs- und HM = Hochspannungs-Magnetzündung.

Vereinzelt sind Angaben nach neuerem Kenntnisstand abweichend von der britischen Tabelle eingefügt, Maßangaben wurden in der zweiten Dezimale abgerundet.

1900	Zylinder	Bohrung	Hub	Hub-raum	Leistung	bei U/min	Ventile	Zündung	Gänge	Achs-antrieb	Rad-stand	Spur	Ge-wicht
Panhard & Lavassor	4R	110	140	5322	24	950	aiv	B	4	K	2,25		
Snoeck-Bolide	4B	150	150	10603	30	900	aiv	B	2	K			
Winton	1HL	165,1	177,8	3806	16	1100	aiv	B	2	K			

1901	Zylinder	Bohrung	Hub	Hub-raum	Leistung	bei U/min	Ventile	Zündung	Gänge	Achs-antrieb	Rad-stand	Spur	Ge-wicht
Mors	4	130	190	10087	60	950	aiv	NM	4	K			
Napier	4	165,1	190,5	16313	103	800	aiv	B	4	K	2,67	1,45	
Panhard & Lavassor	4	130	140	7433	40	1050	aiv	NM		K			

1902	Zylinder	Bohrung	Hub	Hub-raum	Leistung	bei U/min	Ventile	Zündung	Gänge	Achs-antrieb	Rad-stand	Spur	Ge-wicht
CGV	4	140	160	9852	60	900	aiv	B	4	K			991
Mors	4	140	150	9236	60	900	aiv	NM	4	K			1007
Napier	4	127	127	6435	45	950	4aiv	B	3	W			933
Panhard & Lavassor	4	160	170	13673	70	1200	aiv	b	4	K	2,64	1,22	998

1903	Zylinder	Bohrung	Hub	Hub-raum	Leistung	bei U/min	Ventile	Zündung	Gänge	Achs-antrieb	Rad-stand	Spur	Ge-wicht
Mercedes	4	140	151	9293	65	1060	ioe	NM	4	K	2,75	1,45	
Mors	4	145	175	11559	70	1100	ioe	NM	4	K			
Napier	4	165,1	152,4	13050	80	1200	4aiv	B	3	W	2,74	1,40	
Napier	4	139,7	127	7787	45	1200	aiv	B	3	W	2,53	1,38	
Panhard & Lavassor	4	160	170	13672	80	1200	sv	B	3	K			
Peerless	4	152,4	152,4	11120	80	1300	sv	B	3	W	2,85	1,42	
Winton	8	133,35	152,4	17027	80	1000	aiv	B	1	W	2,90	1,45	
Winton	4	133,35	152,4	8514	40	800	aiv	B	2	W	2,59	1,42	

Ausscheidungsrennen (F) 1904	Zylinder	Bohrung	Hub	Hub-raum	Leistung	bei U/min	Ventile	Zündung	Gänge	Achs-antrieb	Rad-stand	Spur	Ge-wicht
Clément-Bayard	4	150	160	11309	80	1200	sv	B	4	W			980
Darracq	4	160	140	11259	100	1200	ioe	NM	3	W			1004
De Dietrich	4	155	170	12831	100	1300	4aiv	NM	3	K			990
Gobron-Brillié	4	140	220	13547	110	1250	sv	B	4	K			990
Hotchkiss	4	180	175	17813	108	1250	aiv	NM	4	K			1004
Mors	4	170	150	13619	100	1450	sv	NM	3	K			1000
Panhard & Lavassor	4	170	170	15435	100	1400	sv	HM	4	W			1000
Richard-Brasier	4	150	140	9826	80	1300	sv	NM	3	K	2,60	1,25	972
Serpollet	6	Dampfmaschine			40eff.				–	K			991
Turcat-Méry	4	155	170	12831	100	1300	4aiv	NM	3	K			950

1904	Zylinder	Bohrung	Hub	Hubraum	Leistung	bei U/min	Ventile	Zündung	Gänge	Achsantrieb	Radstand	Spur	Gewicht
F.I.A.T	4	145	160	10568	75	1200	ioe	NM	4	K	2,79	1,35	1005
Mercedes	4	165	140	11974	98	1150	ioe	NM	4	K	2,69	1,41	1000
Mors	4	170	150	13619	100	1450	sv	NM	3	K			1000
Napier	4	165,1	152,4	13050	100	2000	ioe	B	3	W	2,69	1,37	988
Opel-Darracq	4	160	140	11259	100	1200	ioe	NM	3	W			1005
Pipe	4	175	140	13469	60	1000	ohv		4	K			994
Richard-Brasier	4	150	140	9826	80	1300	sv	NM	3	K			972
Turcat-Méry	4	155	170	12831	100	1300	aiv	NM	3	K			950
Wolseley	4	152,4	165,1	12047	72	1150	aiv	B	4	K	2,62	1,37	995
Wolseley	4	152,4	165,1	12047	96	1300	aiv	B	4	K	2,74	1,40	995

Ausscheidungsrennen (F) 1905	Zylinder	Bohrung	Hub	Hubraum	Leistung	bei U/min	Ventile	Zündung	Gänge	Achsantrieb	Radstand	Spur	Gewicht
Automoto	4	170	150	13619	90	1200	sv	NM	4	K	2,70	1,40	995
CGV	4	160	160	12868	100	1050	sv	HM	4	W	2,50	1,35	1004
Clément-Bayard	4	160	160	12868	120	1200	sv	HM	4	W	2,70	1,31	1007
Darracq	4	150	140	9896	85	1250	ohv	NM	4	W	2,40	1,35	960
De Dietrich	4	190	150	17012	130	1250	sv	NM	4	K	2,85	1,35	1007
Gobron-Brillié	4	120	220	9952	85	1100	sv	B	4	K	2,80	1,40	1007
Hotchkiss	4	185	175	18816	125	1050	sv	HM	4	W	2,75	1,35	1005
Panhard	4	170	170	15435	120	1200	sv	HM	4	W	2,80	1,35	1005
Renault	4	166	150	12985	90	1300	sv	HM	3	W	2,80	1,35	1007
Richard-Brasier	4	160	140	11259	96	1200	sv	HM	3	K	2,65	1,25	1005

Ausscheidungsrennen (GB) 1905	Zylinder	Bohrung	Hub	Hub-raum	Leistung	bei U/min	Ventile	Zündung	Gänge	Achs-antrieb	Rad-stand	Spur	Ge-wicht
Napier	6	158,7	127	15083	90		ioe	B	2	W	2,82	1,40	
Siddeley	4	181	152,4	15685	100		ioe	NM	3	K	2,77	1,37	
Star	4	139,7	165,1	10108	90		ioe	NM	4	K	2,82	1,40	
Weir-Darracq	4	160	140	11259	90	1600	ioe	NM	3	W	2,54		

1905	Zylinder	Bohrung	Hub	Hub-raum	Leistung	bei U/min	Ventile	Zündung	Gänge	Achs-antrieb	Rad-stand	Spur	Ge-wicht
F.I.A.T.	4	180	160	16286	110	1100	ioe	NM	4	K	2,85	1,35	1006
De Dietrich	4	190	150	17012	130	1250	sv	NM	4	K	2,85	1,35	1007
Locomobile	4	177,8	177,8	17657	90	1050	sv	NM	4	K			1007
Mercedes	4	175	146	14040	115	1200	ioe	HM	4	K	2,69	1,41	1003
Napier	4	165,1	152,4	13050	80	1200	ioe	B	3	W	2,70	1,40	997
Pope-Toledo	4	139,7	139,7	8564	70	1300	aiv	B	2	K	2,70	1,36	993
Richard-Brasier	4	160	140	11259	96	1200	sv	HM	3	K	2,65	1,25	1005
Wolseley	4	152,4	165,1	12047	96	1000	aiv	B	4	K	2,73	1,39	999

Die Zeiten tabellarisch

1900: Das erste Rennen
14. 6.: Paris — Lyon 569 km

Fahrer	Land	Marke	Durchschnitt	Gesamtzeit
Charron	F	Panhard	62,185	9:09:00
Girardot	F	Panhard	53,650	10:36:23
De Knyff	F	Panhard	ausgefallen	
Jenatzy	B	Snoek-Bolide	ausgefallen	
Winton	USA	Winton	ausgefallen	

1901: Das zweite Rennen
29. 5.: Paris — Bordeaux 527 km

Fahrer	Land	Marke	Durchschnitt	Gesamtzeit
Girardot	F	Panhard	59,550	8:50:59
Charron	F	Panhard	ausgefallen	
Levegh	F	Mors	ausgefallen	

1902: Das dritte Rennen
26. — 28. 6: Paris — Innsbruck 566 km

Fahrer	Land	Marke	Durchschnitt	Gesamtzeit
Edge	GB	Napier	51,295	11:02:52,6
Girardot	F	C. G. V.	ausgefallen	
Fournier	F	Mors	ausgefallen	
De Knyff	F	Panhard	ausgefallen	

1903: Das vierte Rennen

2. 7.: Rundkurse Athy, Irland 83. 484,5/64. 373,6 = 527,059 km

Fahrer	Land	Marke	Durchschnitt	Gesamtzeit
Jenatzy	D	Mercedes	79,162	6:39:00
De Knyff	F	Panhard	76,910	6:50:40
H. Farman	F	Panhard	76,749	6:51:44
Gabriel	F	Mors	72,887	7:11:33
Edge	GB	Napier	56,636	9:18:48
De Caters	D	Mercedes		
Owen	U.S.A.	Winton		
Winton	U.S.A.	Winton		
Keene	D	Mercedes	ausgefallen	
Mooers	U.S.A.	Peerless		
Jarrot	GB	Napier		
Stocks	GB	Napier		

Rundenzeiten für Kurz- und Langkurs

Fahrer	kurz	lang	kurz	lang	kurz	lang	kurz
Jenatzy	0:48:58	1:01:19	0:49:45	1:01:52	0:53:16	1:01:32	1:02:18
De Knyff	0:49:47	1:02:31	0:50:57	1:08:16	0:51:40	1:03:39	1:03:50
H. Farman	0:47:31	1:10:27	0:49:35	1:05:55	0:50:31	1:02:17	1:05:28
Gabriel	0:53:10	1:00:19	1:02:37	1:04:20	0:51:04	1:13:58	1:06:05
Edge	0:46:23	1:07:03	1:27:59	1:24:59	1:14:35	1:55:21	1:22:28
De Caters	0:52:17	1:08:42	0:51:11	1:07:19	0:51:21	1:07:16	–
Owen	0:56:57	1:15:26	4:41:24	1:19:40	1:05:33	–	–
Winton	1:45:24	2:34:26	1:07:37	2:15:36	–	–	–
Keene	0:46:03	1:24:08	0:51:14	–	–	–	–
Mooers	2:01:10	–	–	–	–	–	–
Jarrot	0:48:14	–	–	–	–	–	–
Stocks	–	–	–	–	–	–	–

1904: Französisches Ausscheidungsrennen
20. 5.: Ardennen-Rundkurs 534 km

Fahrer	Marke	Durchschnitt	Gesamtzeit	1. Runde	2. Runde	3. Runde	4. Runde	5. Runde	6. Runde
Théry	Brasier	99,820	5:20:28	50:35,8	50:28,4	51:50,4	56:16,8	51:16,6	1:00:00
Salleron	Mors	94,024	5:40:02	51:26,6	53:21,2	59:21,4	58:33,8	1:01:49	55:30
Rougier	Turcat-Méry	92,736	5:45:05,4	55:36	56:12,8	1:01:08,2	58:12	57:07,9	56:49
Gabriel	De Dietrich	91,770	5:48:20,8	49:30,2	50:34,4	54:34,4	59:44,8	1:08:38,8	1:05:18,2
Le Blon	Serpollet	85,652	6:13:32,2	1:02:15,4	1:00:20,4	1:04:46,2	1:01:00	1:03:26,4	1:01:43,8
Caillois	Brasier	83,720	6:21:27,2	52:56,2	1:12:52,8	53:37	54:49,8	1:14:29,6	1:12:41,8
Teste	Panhard	80,017	6:40:23,8	49:38	1:00:27,2	1:11:07,8	59:53,8	1:33:54,6	1:05:22,4
Farman	Panhard	79,534	6:51:00	49:10,8	48:44,6	56:16,6	1:26:38,8	1:04:12,2	1:45:57
Pelzer	Serpollet	75,187	7:05:27,6	57:48,8	1:26:36,4	1:14:16,4	1:14:13	1:07:14,4	1:05:18,6
Clement	Clément-Bayard	74,221	7:10:52,8	52:42,2	56:49,2	1:13:19,6	2:13:22,4	56:42,4	57:57
Jarrott	De Dietrich	–	–	57:20	59:29	1:08:37	1:13:33	2:42:19	–
De la Touloubre	Turcat-Méry	–	–	2:44:38	1:23:06	1:09:05	1:26:44	1:37:22	–
Stead	Brasier	–	–	52:02	1:02:51	1:19:39	58:32	–	–
Amblard	Hotchkiss	–	–	54:57	57:25	57:23	–	–	–
De Forest	De Dietrich	–	–	59:51	59:54	1:24:48	–	–	–
Béconnais	Darraque	–	–	1:07:35	1:16:39	1:19:34	–	–	–
Leger	Mors	–	–	54:27	56:25	5:17:14	–	–	–
Lavergne	Mors	–	–	50:39	1:02:43	–	–	–	–
Duray	Gobron-Brillié	–	–	1:05:08	2:14:44	–	–	–	–
Tart	Panhard	–	–	1:32:31	2:17:23	–	–	–	–
P. de Crawhez	Hotchkiss	–	–	4:10:39	1:00:27	–	–	–	–
Burton	Gobron-Brillié	–	–	53:14	–	–	–	–	–
Chanliaud	Serpollet	–	–	1:00:13	–	–	–	–	–
Wagner	Darracq	–	–	1:05:40	–	–	–	–	–
Guders	Clément-Bayard	–	–	4:27:25	–	–	–	–	–
Baras	Darracq	–	–	–	–	–	–	–	–
Rigolly	Gobron-Brillié	–	–	–	–	–	–	–	–
Hanriot	Clément-Bayard	–	–	–	–	–	–	–	–
A. Fournier	Hotchkiss	–	–	–	–	–	–	–	–

1904: Das fünfte Rennen
17. 6.: Rundkurs Homburg 508,96 km

Fahrer	Land	Marke	Durchschnitt	Gesamtzeit	1. Runde	2. Runde	3. Runde	4. Runde
Théry	F	Richard-Brasier	87,245	5:50:01,4	1:26:56,8	1:26:45,8	1:29:56,6	1:26:22,2
Jenatzy	D	Mercedes	85,000	6:01:29,4	1:26:57,8	1:28:31,4	1:37:46,4	1:28:13,8
Rougier	F	Turcat-Méry	75,148	6:47:09,8	2:06:22,8	1:37:00	1:30:53	1:32:54
De Caters	D	Mercedes	75,000	6:47:30	1:43:15,2	1:49:36,4	1:33:31,6	1:41:06,8
Braun	A	Mercedes	73,255	6:59:47,8	1:56:24,4	1:41:38,8	1:38:29	1:43:15,6
Hautvast	B	Pipe	72,772	7:02:35	1:46:46,6	1:44:23,8	1:51:26	1:39:58,6
Salleron	F	Mors	70,518	7:15:14,2	1:36:57,6	2:03:46	1:53:50,4	1:40:40,2
Lancia	I	F.I.A.T.	70,085	7:17:51,6	1:54:53	1:42:13,4	1:48:27,2	1:52:18
Girling	GB	Wolseley	69,491	7:22:53,2	1:32:54,8	1:34:25,6	2:15:54,6	1:59:38,2
Cagno	I	F.I.A.T.	69,490	7:23:34,6	1:42:23,8	1:44:19,2	1:43:30,8	2:13:20,8
Werner	A	Mercedes	67,942	7:32:13,2	1:58:41,2	1:52:47,6	1:53:56,6	1:46:47,8
Jarrott	GB	Wolseley	67,137	7:36:50,6	1:35:18	1:57:32,6	2:00:30,2	2:03:39,8
Edge	GB	Napier	–	–	1:31:44	2:36:08	1:37:41,4	–
De Crawhez	B	Pipe	–	–	2:28:32	2:16:37,4	2:21:52,2	–
Storero	I	F.I.A.T.	–	–	1:54:56,6	1:43:05	–	–
Warden	A	Mercedes	–	–	2:07:14,4	1:57:17,2	–	–
Augières	B	Pipe	–	–	2:23:07,2	–	–	–
Opel	D	Opel-Darracq	–	–	–	–	–	–

1905: Französisches Ausscheidungsrennen
16. 6.: 550 km

Fahrer	Marke	Durchschnitt	Gesamtzeit	1. Runde	2. Runde	3. Runde	4. Runde
Théry	Brasier	72,555	7:34:49,2	1:42:52	1:40:25	2:06:47	2:04:45,2
Callois	Brasier	71,144	7:43:11	1:49:33	1:50:47	1:59:00	2:03:51
Duray	De Dietrich	70,991	7:44:47,8	1:51:51	1:48:46	1:58:23	2:05:47,8
Wagner	Darracg	70,535	7:47:11,4	1:40:40	1:48:27	2:00:39	2:17:25,4
Szisz	Renault	69,089	7:55:47,6	1:47:47	2:12:07	2:00:09	1:55:44,6
Heath	Panhard	67,089	8:11:38,6	1:57:37	1:53:45	1:50:52	2:29:24,6
Le Blon	Hotchkiss	66,815	8:13:13,8	1:56:19	2:06:04	1:59:21	2:11:29,8
Rigolly	Gobron-Bril!ié	66,411	8:16:57,8	1:57:00	2:29:54	1:54:40	1:54:23,8
Hemery	Darracq	65,548	8:21:38	1:51:14	1:49:28	2:12:12	2:28:44
Hanriot	Clément-Bayard	65,486	8:23:39,6	2:04:00	1:52:18	2:30:58	1:56:23,6
De la Touloubre	Darracq	64,588	8:30:54	1:59:11	1:58:15	2:01:46	2:31:42
Stead	Brasier	61,455	8:56:08	1:46:53	2:13:28	2:25:52	2:29:55
Edmont	Renault	61,340	8:57:24,4	2:46:29	2:00:51	2:08:14	2:01:50,4
Gabriel	De Dietrich	61,000	9:00:29,4	1:57:37	3:12:41	1:59:12	1:50:59,4
Lavergne	Hotchkiss	60,440	9:51:40	2:26:07	2:28:03	2:09:10	2:48:20
Teste	Panhard	—	—	1:48:48	1:53:07	3:05:25	—
Villemain	Clément-Bayard	—	—	2:49:49	2:15:10	2:25:32	—
A. Fournier	Hotchkiss	—	—	1:59:45	2:21:05	2:23:42	—
Rougier	De Dietrich	—	—	1:48:18	2:06:32	—	—
Girardot	C. G. V.	—	—	2:19:45	1:51:38	—	—
Lapertot	Automoto	—	—	2:46:45	4:08:33	—	—
H. Farman	Panhard	—	—	1:48:43	—	—	—
Bernin	Renault	—	—	1:57:54	—	—	—
Clement	Clément-Bayard	—	—	1:58:31	—	—	—

1905: Das sechste Rennen

5. 7.: Auvergne-Rundkurs 550 km

Fahrer		Marke	Durchschnitt	Gesamtzeit	1. Runde	2. Runde	3. Runde	4. Runde
Théry	F	Brasier	78,428	7:02:42	1:41:07	1:48:57	1:48:42	1:43:56,6
Nazzaro	I	F.I.A.T.	75,341	7:19:09	1:46:13	1:52:12	1:50:06	1:50:38,2
Cagno	I	F.I.A.T.	74,693	7:21:22	1:45:44	1:50:39	1:53:49	1:51:10,6
Caillois	F	Brasier	73,691	7:27:06	2:00:50	1:46:35	1:52:24	1:47:17,4
Werner	D	Mercedes	68,198	8:03:30	1:48:01	2:03:14	2:02:35	2:09:40
Duray	F	De Dietrich	67,917	8:05:00	1:46:27	1:46:13	2:45:35	1:46:45
De Caters	D	Mercedes	67,087	8:07:11	1:55:09	1:55:59	2:07:49	2:08:14,6
Rolls	GB	Wolseley	65,098	8:26:42	2:00:49	2:02:01	2:16:35	2:07:17,2
Earp	GB	Napier	64,970	8:27:29	1:53:11	2:13:29	2:18:38	2:02:11,8
Braun	A	Mercedes	64,210	8:33:05	1:55:04	1:56:14	2:28:45	2:13:02,6
Bianchi	GB	Wolseley	63,591	8:38:32	2:12:49	2:01:35	2:11:43	2:12:25,4
Lytle	USA	Pope-Toledo	57,789	9:30:32	2:31:09	2:35:51	2:14:17	2:09:15
Lancia	I	F.I.A.T.	ausgefallen		1:34:57	1:42:11	—	—
Jenatzy	D	Mercedes			2:04:41	2:08:32	—	—
Burton	A	Mercedes			2:33:30	3:50:00	—	—
Tracy	USA	Locomobile			2:38:55	3:11:10	—	—
Hieronymus	A	Mercedes			1:54:28	—	—	—
Dingley	USA	Pope-Toledo			—	—	—	—

Quellen

The Gordon Bennett Races, von Lord Montagu of Beaulieu mit Recherchen von Michael Sedgwick. London 1963.
La Coupe Gordon Bennett et le Circuit d'Auvergne, von Jean-Robert Dulier. Clermont-Ferrand, 1965.

Offizieller Führer zum Gordon Bennett-Rennen 1904. München, 1904.

Zeitgenössische Zeitschriften und Zeitungen: Allgemeine Automobil-Zeitung, Automobil-Welt, Der Motorwagen, Le Vélo, The Motor, Frankfurter Zeitung u. a.

A Record of Motor Racing 1894–1908, von Gerald Rose. The Royal Automobile Club, 1909. (Abingdon, Berkshire, 1949).

L'Histoire de la Course Automobile 1881–1977, von Edmond Cohin, Paris, o.J.

The Mercedes-Benz Racing Cars, von Karl Ludvigsen. Newport Beach, California, 1971. (Deutsche Ausgabe: Mercedes-Benz Renn- und Sportwagen, bearbeitet von Stefan Knittel, (Gerlingen 1981).

Auto-Rennsport, von Adriano Cimarosti. Bern und Stuttgart, 1973.

Alle Fiat-Wagenmodelle, zusammengestellt von Quatroruote (Gianni Mazzocchi), Mailand, 1970.

Das Gesamtbild der Szene und einzelne Hinweise verdankt der Autor zahlreichen Publikationen, aus neuerer Zeit vor allem dem Automobile Quarterly, Newport Beach, California.

Bildquellen:

Archiv der Continental Gummi-Werke AG.

Archiv der Stadt Limburg

Archiv der Stadt Frankfurt/Main

Archiv der Stadt Königstein/Taunus

Automobilclub von Deutschland

Deutsches Museum, München

Presseabteilung der Dunlop AG.

FIAT, Centro Storico, Torino

Harald Fechtner, Stadtverordnetenvorsteher, Bad Homburg

Adam Opel AG. Abteilung für Öffentlichkeitsarbeit

Archiv der Firma Daimler-Benz AG.

Münchner Stadtmuseum

The National Motor Museum at Beaulieu

Schnelle Wagen — Große Marken

328 Seiten,
200 Abbildungen,
gebunden,
DM 48,–

320 Seiten,
250 Abbildungen
Großformat,
gebunden,
DM 68,–

394 Seiten
mit 400 Abbildungen,
davon 35 in Farbe,
gebunden,
DM 76,–

208 Seiten,
175 zum Teil erstmals veröffentlichte Abbildungen,
gebunden,
DM 36,–

442 Seiten,
460 Abbildungen,
davon 58 in Farbe,
Großformat,
gebunden
DM 74,–

Das Große Bugatti-Buch
Von Erwin Tragatsch
Diese reich illustrierte Geschichte zeigt die großartigen Rennwagen und Tourenwagen, die die unverkennbare Handschrift Ettore Bugattis tragen. Mit allen wichtigen technischen Daten, Hintergründen und Tatsachen.

Ferrari 250 GT
Von Jess G. Pourret
Dies ist die Geschichte des Ferrari 250 GT — eines Glanzstückes der berühmten italienischen Marke. Seine Laufbahn ist eine lange und fesselnde Geschichte, die einen wesentlichen Bestandteil der Ferrari-Legende bildet. Dieses Buch vermittelt den Zauber, den diese Rennsportwagen ausstrahlen. Dazu bestechende Fotos in Farbe und in Schwarzweiß.

Mercedes Benz W 196 —
der letzte Silberpfeil
Von Michael Riedner
Dieses Buch von Michael Riedner zeichnet den Weg vom Reißbrett bis zum letzten Einsatz des W 196 nach. Der Leser wird an die Schauplätze der großen Rennen entführt, an denen die Silberpfeile in den 50er Jahren teilnahmen. Rennatmosphäre auf jeder Seite, mit vielen Fotografien, lebendigem Text und technischen Angaben.

Grand Prix-Report
Auto Union 1934—39
Von Peter Kirchberg
Die Geschichte der Auto Union-Rennwagen liest sich wie ein spannender Krimi. Sie ist nicht nur sehr sorgfältig recherchiert, sondern erhält ihren besonderen Reiz durch die umfangreiche Verwendung von Original-Dokumenten, die erhalten geblieben sind und hier teilweise zum ersten Mal gezeigt werden.

JAGUAR
Geschichte · Technik · Sport
Von Bernard Viart und
Michel Cognet
Diese aufwendige Dokumentation widmet sich der weltweit geschätzten britischen Edelmarke. Geschichte und Prototypen werden ebenso ausführlich dargestellt wie die aktuellen Sportwagen. Das große Standardwerk mit allen Einzelheiten in Wort und Bild.

Der führende Verlag für Autobücher
Postfach 1370 · 7000 Stuttgart 1

Motor buch Verlag

Es gibt eine Autozeitschrift, die ist anders: Fakten statt Phrasen. Technik statt Blech. Klartext statt Klatsch.

Autos und Zubehör, Forschung und Entwicklung, Technik und Umwelt, Wirtschaft und Verkehr – mot sagt, was Sache ist. In harten, aber praxisnahen Tests. In Berichten, die nicht der Sensation, sondern der Information des Lesers den Vorrang geben. Und in Aktionen, in denen auch der Leser zu Wort kommt.

Testen Sie mot Die Autozeitschrift. Ein Testheft schicken wir Ihnen gern: Vereinigte-Motor-Verlage GmbH & Co. KG, Abonnement-Abteilung, Postf. 1092, 7000 Stuttgart 1.

mot

TESTEN SIE

DIE ANDERE AUTOZEITSCHRIFT

Oesterr. Daimler-Motoren-Gesellschaft
Wien I.
Giselastrasse 4.
Fabrik: Wiener-Neustadt.
K.u.K. ARTILLERIEZEUGSDEPOT IN KRAKAU
Stationäre Motoren für gewerbliche und elektrische Anlagen
Lokomobilen zum Antrieb von Dreschmaschinen
Luxus-Automobile — Bootsmotoren — Dynamo-Motoren
ialbau von Automobil-Omnibussen, sowie
wagen bis zu 5000 Kilogr. Tragkraft
torboote.
Automobiles
G. RICHARD-BRASIER
Automobiles Georges Richard Brasier
25 Ave de la Gde Armée
Téléphone 547-17
Premier dans les Eliminatoires Françaises de la Course Gordon Bennett.
Gagnant de la Coupe offerte par le Prince de Monaco aux Courses de Canots Automobiles du Meeting de Monaco. (Record du monde de la Vitesse pour Canots automobiles — 22 nœuds à l'heure.)
Détenteur du "Record du Monde" des 1000 milles (1609 Kilomètres) sur route, sans aucun arrêt. (15 mars 1904.)
Renault Frères
Motor-Wagenbauer
BILLANCOURT bei PARIS (Frankreich).
Die Wagen RENAULT FRÈRES haben in allen grossen Rennen die ersten Preise erworben:
Paris—Berlin: Erster Preis
die Voiturette Renault Frères übertrifft die leichten Wagen.
Paris—Wien: Erster Preis
der Gesamt-Klassierung.
Paris—Madrid: Erster Preis
für leichte Wagen.
Die Wagen Renault Frères sind von untadelhafter Bauart.
SOCIETE ANONYME DES ANCIENS ÉTAB
PANHARD & LEVASSOR
VOITURES AUTOMOBILES EN TOUS GENRES
19 AVENUE d'IVRY 19
PARIS